3만 시간 영어 공부 노하우가 담긴 GOLF ENGLISH

김남규의 골프영어

저자 김남규
감수 유협
(SBS 골프 아나운서)

3만 시간 영어 공부 노하우가 담긴 GOLF ENGLISH
김남규의 골프영어

도 서 제 목   김남규의 골프영어
발 행 일   초판 1쇄 : 2017년4월15일, 초판 2쇄 : 2017년6월15일
지 은 이   김남규
펴 낸 이   김남규
펴 낸 곳   김남규 외국어 출판사
인 쇄 처   한국학술정보(주) 북토리W2P사업부
편집·디자인   북토리W2P사업부 디자인팀 박혜정
출 판 등 록   2016년7월18일 제2016-000044호
주   소   서울특별시 관악구 남부 순환로 1808 관악 센츄리타워1313호
전 화 번 호   010. 9564. 5505
이메일주소   nkkimnamgyu@naver.com

ISBN : 979-11-958640-2-7
이 책은 저작권법에 따라 보호받는 저작물이므로 무단 전재와 복제를 금합니다.

이 책은 BOOKTORY 의 기술력과 노하우로 만들어졌습니다.
booktory.com

머리말

대한 골프 협회가 발표한 "2014 한국 골프 지표 조사 보고서"에 따르면, 2014년도 기준으로, 국내 골프 인구는 531만 명으로 나타났습니다. 이 수치는 대한민국 전체 인구의 10% 수준이며, 직전 조사 시기인 2012년, 470만 명 보다 61만 명이 늘어난 수치입니다. 미국(2,500만 명), 일본(900만 명), 영국(800만 명), 캐나다(580만 명) 다음으로 많은 세계 5위 규모 입니다.

필자 개인적인 생각으로는, 전 세계에 거주하는 해외 동포 700만 가운데, 20% 수준인, 최소한 150만 명이 골프를 친다고 가정할 때 실질적으로, 전 세계에서 4위 규모 입니다. 성별로는 남성이 377만 명(77%), 여성이 154만 명(23%) 입니다. 2014년 해외 골프 관광 인구는 113만 명이고, 2016년 말 기준 골프 인구는 600만 명으로 2004년 193만 명보다 3배 이상 증가했다고 합니다.

필자의 경우도 대부분 그랬었지만, 골프를 치시는 분들은 해외에 출장을 가거나, 해외로 여행이나 골프 관광을 가서, 호텔에서 시간이 남는 경우, 거의 예외 없이, 골프 채널을 찾아 고정 시키고, 골프를 시청하게 됩니다. 왜냐하면 골프보다 재미있는 방송이 없기 때문 입니다(Nothing is better than golf).

그런데, 골프 채널은 대부분 영어로 방송이 됩니다. 골프 방송을 영어로 시청하면 훨씬 더 재미있고 뜻을 정확히 알 수가 있습니다. 또한 골프가 대중화 되어있어, 외국인들과 비즈니스 또는 교제 골프를 칠 때도 자주 있고, 가끔씩 해외로 가서 친구들과 선후배들, 직장 동료들, 동호회 멤버들, 골프장 회원 지인들, 거래처 사람들 또는 가족과 골프를 치게 됩니다. 이럴 경우, 골프 영어에 관련된 영어 표현을 어느 정도 하게 되면 마음이 느긋해 지고, 골프도 잘 치게 될 뿐 만 아니라, 사업 상으로도, 친분을 두텁게 할 수 있고, 특히 직장인의 경우, 영어 업무 능력을 인정 받게 되고, 상사에게 아주 좋은 인상을 줄 수 있는 절호의 기회가 되는 것 입니다.

필자의 경우도 30년 구력 중에, 그런 경험을 아주 많이 접하게 되었고, 인도네시아에서 24년 거주 하며 시청했던 골프 영어 방송(ESPN, Star Sports, Golf Chanel)시청과 골프 경험을 토대로 책을 출간할 결심을 하게 되었습니다.

ROTC 중위로 만기 전역과 동시에, 한참 해외 건설 붐이 일었던 시기인 1981년 대림 산업에 입사하게 되어, 1982년 2월에 인도네시아 수마트라 섬에 위치한 DUMAI 정유 공장 프로젝트(당시 5억불 짜리 공사)에 선발대로 파견 근무를 시작하게 되었습니다.

그 당시 발주 처는 인도네시아 국영 공사인 PERTAMINA 이었고, 원 청사는 프랑스와 스페인 합작 회사인 TRC 이었으며, 감리는 미국 회사인 BECHTEL이었고, 공사는 대림 산업과 현대 건설이 50%씩 맡아서 하게 되었습니다. 운이 좋게도 DUMAI 에는 PERTAMINA 소유 9홀짜리 퍼블릭 골프장이 있었고, 거기서 멀지 않은 곳에 CALTEX 소유 9홀짜리 퍼블릭 골프장이 있어, 필자는 휴일을 이용하여, 골프 연습과 수십 차례 골프를 칠 수 있었습니다.

그리하여 1984년 3월 24일 에 꿈에 그리던 100타를 깨는 기록을 이루게 되었습니다. 그 당시 필자의 나이는 만 28세가 안되었고, 휴일이면 특별히 할 것이 없어, 골프를 치고, 업무상 관련이 있는 BECHTEL 소속 미국인들과 인도네시아 국영 석유공사(PERTAMINA) 직원들과 가끔 골프를 칠 기회가 있었습니다. 3년 근무를 마칠 때 즈음에는 핸디캡이 14정도 까지 되었습니다만, 그 당시만 해도, 수준 있는 고 품격 고급 영어 회화에 자신감이 많이 없었던 터라, 영자 신문 등을 계속 읽으면서 꾸준히 공부를 하였고, 영어에 관한 모든 것은 기록을 하고, 자료를 보관하는 습관이 생겼습니다.

그 이후, 1986년부터 신용카드 회사인 American Express 에서 근무를 시작하면서 다시 골프를 시작하게 되었고, 만 8년 동안 Citibank에 근무하면서 본격적으로 골프를 치며, Citibank 골프 회 멤버들과 은행 VIP 고객들과 골프를 치면서, 골프의 매력에 더욱 빠지게 되었습니다.

그리고, 1995년에 FILA 에 입사하게 되어, 운명적으로 다시 인도네시아 수도 자카르타에 가게 되었고, 2000년부터 자카르타가 본사인 KORINDO Group에서 약 12년 근무, 인도네시아 투자조정 청(BKPM)에서, 만 3년 근무 등을 하면서, 2016년 7월 한국으로 완전 귀국하기 까지 만21년 동안, 매 주말 골프를 치면서 시간이 날 때 마다, Star Sports 와 ESPN, Golf Channel을 통하여 영어로 방송하는 Golf 중계를 빼놓지 않고 시청을 하고, 좋은 표현들을 기록하고 암기하는 습관을 더욱 갖게 되었습니다.

또한 영어신문, 미국 드라마, 할리우드 영화, 이메일 작성법, 바이어 접대 영어, 경제/무역 영어, 전화 영어 등 모든 장르에 걸쳐 영어 공부에 시간을 할애하면서 영어에 대한 실력과 자신감이 차곡차곡 쌓였습니다. 이런 경험과 know-how를 바탕으로, 인도네시아 한인 교민들 영어 향상을 위해, 신문과 잡지에 2008년부터, 2016년까지 영어 칼럼 "김남규의 10분 영어"(골프 영어 포함)와 "김남규의 체험 직통영어"를 게재하였습니다.

필자는 중학교. 고등 학교 때부터 영어에 유독 관심이 많았고 대학교 때도 영어를 전공하고, 그 이후 직장 경험 35년 동안 주로 해외 영업이나 다국적 기업에서 20년 넘게 근무하여 외국인과 소통하는 것이 일상이었습니다. 그리하여 시간이 날 때 마다 1,300여편의 미국 드라마와 700여편의 미국 영화를 보면서 배우고, 적고, 연습하며, 영어 공부에 투자하여 3만 시간이 넘는 실전 영어와 수천 시간에 걸친 ESPN, Star Sports, Golf Channel

골프 영어 중계를 보면서 기록하고, 배우고 읽힌 경험과, 수 십 년 동안 수많은 외국인들과 같이 실제로 골프를 치면서 있었던 표현들과 에피소드 그리고 제가 미국, 영국, 캐나다, 호주, 중국, 인도네시아, 태국, 싱가포르에서 골프를 친 경험 등을 토대로 하여 이 책을 만들었습니다.

1장부터 7장은 비즈니스 골프로서, 공항 픽업부터 시작하여, 1번홀 tee shot 부터 18홀 끝날 때까지 단계 별 실제 상황과, 골프 후 식사 및 접대 영어까지 상황 별로 집필하였고 8 장부터 10장은 해외에 나가서 골프를 칠 경우 알아야 할 영어 표현들, 내기와 경쟁, 그리고 골프가 안 되는 영어 핑계들로 구성 하였습니다. 특히 14장은 남녀 프로 골퍼뿐 만 아니라, 프로 지망생, 현재 다른 운동을 하는 운동 선수들이나, 체육 대학생들이 해외에서 입상을 하여 인터뷰 할 경우에 대비하여, 우승 소감 및 자기 경기에 대한 표현을 잘 할 수 있도록 영어 문장을 예로 만들어 따로 정리 하였습니다.

특히 극적인 명승부 장면은 YouTube 에 소개된 동 영상을 통하여, 그 당시 상황과 샷 들을 볼 수 있어 짜릿한 감동과 재미를 느낄 수 있도록 별도로 표시하였습니다. 예를 들면 최경주 선수의 Players Championship 의 연장 우승 장면, 양용은 선수가 메이저 대회인 PGA Championship 에서 타이거 우즈를 3타 차로 역전 우승하는 장면, 박세리 선수가 US Women's Open 에서 맨발 투혼으로 연장전 우승 장면 등 알려준 사이트에서 꼭 보시기를 강력히 추천 드립니다.

또한 이 책을 보면서 문장을 익히고 암기하는 동안, 지루하지 않도록 중간 중간에 골프에 관련된 농담(JOKE), 필자의 에피소드와 골프 선수들의 약력과 골프 토막 상식, 그리고 기본적으로 알고 있어야 할 골프 규칙을 퀴즈 형태로 게재하였습니다.

필자의 구력은 30년이 넘고, 베스트 스코어는 76타를 2번 기록한 적이 있으며, 9홀 베스트 스코어는 35타, 9홀 최다 버디는 4개 이며, 홀인원은 딱 1번, 2008년 1월 8일에 자카르타 근교 Matoa 골프장에서 한 경험이 있습니다. 요즈음의 제 핸디캡은 14 정도 입니다. 생생한 추억과 기억을 위해 예전 유명 골퍼들이 활약했던 인터뷰 내용도 필자가 직접 시청 하였기 때문에 그대로 보고 들은 것을 기록하여 옮겨 적어서, 훨씬 생동감이 있습니다. 아무쪼록 이 책이 골프를 즐기시는 국내외 수 백만 골퍼들과 프로 골퍼들, 프로 골퍼 지망생들, 모든 스포츠 운동선수들과 체육 대 학생들에게 영어에 대한 자신감과 재미에 보탬이 되기를 바라는 마음이 간절합니다. 끝으로 늘 필자에게 격려와 아이디어로 용기를 북돋아주는 사랑하는 가족과, 늘 아들에게 믿음을 주신 어머니와 하늘에 계신 아버지께 이 책을 바칩니다.

2017년 4월 김남규

책 구매와 기업/학교 강의 문의 연락바랍니다.

nkkimnamgyu@naver.com
010.9564.5505

일러두기

함께 실린 문장 예문들과 ㈜에 따라 게재된 예문들은 필자가 그 동안 3만 시간 넘게 영어를 공부 하면서 6개 대륙, 70여개 국적 사람들 수 천명과 만나서 나눈 대화와 배운 것들이며, 골프 인구가 600만명 인 점을 감안하여 영어는 초급과 중급. 그리고 고급 표현을 모두 망라하였습니다. 필자가 터득한 영어를 쉽고 빠른 시간 내에 향상시킬 수 있는 비법은 아래와 같습니다.

* 우선 자기 수준에 맞고, 자주 쓰고 말하고 싶은 표현을 먼저 외우십시오.

* 이 책에서 필히 암기 하라고 한 문장은 모두 외우십시오㈜ 필자는 다른 영어 저자와는 달리 35년간 직장 생활을 하면서 3만 시간 동안 실전 영어를 몸에 익혀 왔기 때문에, 영어 문장이나 단어들이 얼마나 자주 사용하는지, 그리고 얼마나 중요하게 쓰이는지 빈도수와 중요도를 누구보다도 잘 알고 있습니다. 그리하여 이 책에 400여개 문장들은 "필히 암기 하시기 바랍니다"라고 빨간색으로 표시한 부분이 있습니다. 이것만 외우면, 여러분의 영어 실력은 중급 이상 고급 영어에 근접할 수 있게 될 것을 확신 합니다. 400여개 문장 필히 암기해 주시기 바랍니다.

* 영어로 말을 할 때 혀를 쓰지 말고 항상 목소리를 사용하십시오.
* 영어로 TV, 영화를 볼 때 말하는 사람 입 모양을 주시하십시오.
* 동사를 늘 먼저 생각하고 쓰는 습관을 가지십시오.
* 영어로 나오는 TV의 드라마나 영화를 자주 보십시오.
* 영어로 사전을 찾고자 할 때 는 영영 사전 사용을 원칙으로 하십시오.

예를 들어보면, "게임은 끝나봐야 압니다"(골프는 18홀 경기라서 장갑을 벗어봐야 안다) 라는 표현은 17가지나 됩니다.

❶ It is not over until it's over (직역: 끝날 때 까지는 끝난 게 아니야)
❷ It's not the end of the game (직역: 게임이 끝난 게 아니야)

❸ Game is not over yet (직역: 경기가 아직 끝난 게 아니야)
❹ Anything can happen over 18 holes
   (직역: 18홀 동안에는 어떤 상황도 일어날 수 있어)
❺ Anything still can happen (직역: 어떤 일도 벌어질 수 있어)
❻ Golf is anybody's game (직역: 누구든 전세를 뒤집어서 이길 수 있어)
❼ Anything can happen before it is over
   (18홀 전까지 무슨 일이든 일어날 수 있어)
❽ Golf is 18 holes game. Who knows what's next?
   (직역: 골프는 18홀 경기이다, 다음에 무슨 일이 일어날지 누가 알겠니?)
❾ Nobody knows what's next. Only God knows
   (직역: 다음에 무슨 일이 일어날지 아무도 몰라, 오직 하나님만이 알지)
❿ Who knows the results of the golf game? Only God knows it
   (직역: 골프 결과를 누가 알겠어? 오직 하나님만이 아시지)
⓫ Golf is not over yet. There is a lot of drama in the last hole
   (직역: 골프는 아직 끝나지 않았어 마지막 홀에서 극적인 드라마가 많이 있어)
⓬ Nobody knows what will be happening at golf course until we walk off
   18 holes (직역: 18홀이 끝나 걸어 나오기 까지 골프 코스에서 무슨 일이 일어 날지 아무도 몰라)
⓭ Nobody knows what will be happening during the rest of the holes
   (직역: 나머지 홀에서 무슨 일이 일어날지 아무도 모른다)
⓮ We never know what it will happen until the final hole
   (직역: 마지막 홀 까지 무슨 일이 일어날지 우리는 절대 몰라)
⓯ So much can happen over the closing hole
   (직역: 마지막 18번 홀에서 많은 일이 일어날 수 있어)
⓰ We never know what's going to happen at the last 18 hole
   (직역: 마지막 18홀에서 무슨 일이 벌어질 지 아무도 몰라)
⓱ We have to wait and see it until the last hole
   (직역: 우리는 18홀 까지 기다려 봐야 해)

㈜ 필자가 24년 동안 골프 중계를 보면서 아나운서나 해설위원들이 표현했던 17개 표현을 모두 적어놓은 것 들 입니다. <u>마음에 드는 것, 외우기 쉬운 것 세 개 문장을 필히 외우시기 바랍니다.</u>

CONTENTS

01 공항/호텔에서 픽업
Pick up at Airport and Hotel ·16

02 티 오프 & 드라이브 샷
Tee-Off & Drive Shot

- 2.1 기념품 증정 ·20
- 2.2 날씨에 대한 대화 ·21
- 2.3 핸디캡에 대한 대화 ·21
- 2.4 티 박스 정하기/오너 정하기 ·23
- 2.5 첫 번째 티 샷 ·24
- 2.6 티 샷 칭찬과 격려 ·25
- 2.7 바람(Wind) ·26
- 2.8 홀에 대한 설명 ·27

03 페어웨이에서
(On the Fairway)

- 3.1 나이스 샷에 대한 칭찬 ·30
- 3.2 스윙에 대한 칭찬 ·33
- 3.3 격려와 응원 ·34
- 3.4 공 위치 알려주기 ·35
- 3.5 코스 공략법에 대한 정보 ·37

04 그린 주변에서
(Around the Putting Green)

- 4.1 숏 게임 칭찬 ·40
- 4.2 격려와 응원 ·41
- 4.3 파 세이브 ·42

05 그린 위에서 퍼팅
(On the Putting Green)

- 5.1 그린 읽기와 정보 ·46
- 5.2 긴 퍼팅 ·47
- 5.3 칭찬과 격려 ·48
- 5.4 짧은 퍼팅 ·49
- 5.5 하소연과 아쉬움 ·50
- 5.6 파 세이브와 버디 기회 ·51

06 경기를 마친 후 대화
(Conversation after a round of golf)

- 6.1 점수에 대한 대화 ·56
- 6.2 잘 친 경기 ·58
- 6.3 잘못 친 경기 ·59
- 6.4 일반적인 대화 ·60

07 골프 후 식사
Wine & Dine

- 7.1 식사와 술 주문 ·66
- 7.2 건배 사 ·71
- 7.3 식사 도중 대화 ·74
- 7.4 식사 후 2차 노래방 ·78
- 7.5 계산서 지불 ·83
- 7.6 작별과 감사의 인사 ·84

08 해외에서 골프 칠 경우
Playing golf abroad

- 8.1 골프 시작 전 확인 사항 ·88
- 8.2 골프 도중 대화 ·90
- 8.3 비로 인한 경기 중단 ·93
- 8.4 골프 종료 시/종료 후 대화 ·94

09 내기와 경쟁
Betting & Competition

- 9.1 골프란? ·96
- 9.2 내기/경쟁 규칙 ·99
- 9.3 심리교란 표현 화법 ·100
- 9.4 끝나봐야 안다 ·104

10 골프가 안되는 핑계들
Excuses for a bad round of golf

- 10.1 골프채 핑계 ·108
- 10.2 몸 상태 핑계 ·109
- 10.3 스윙/폼/퍼팅 핑계 ·110
- 10.4 연습/레슨 핑계 ·111
- 10.5 남 탓하는 핑계 ·112
- 10.6 말로 설명이 안되는 핑계 ·113

11 원 포인트 레슨과 가르쳐주기
One Point Lesson & Coaching

- 11.1 스윙 ·118
- 11.2 파워 ·119
- 11.3 퍼팅 ·120
- 11.4 자신감/정신력에 대한 조언 ·120

12 골프장에서 갤러리로서 구경
As Gallery ·124

13 TV 시청과 해설가의 언급 내용들
Watching TV & Commentator's Comments

13.1 대회에 대한 언급 ·128
13.2 홀에 대한 언급 ·131
13.3 한국 선수들에 대한 언급 ·134
13.4 다른 나라 선수들에 대한 언급 ·139
　　13.4-1 잘 치는 선수에 대한 언급
　　13.4-2 못 치는 선수에 대한 언급

13.5 선두/순위/우승/타수에 대한 언급 ·151
　　13.5-1 선두
　　13.5-2 순위
　　13.5-3 우승
　　13.5-4 타수

13.6 공 위치/샷/스윙에 대한 언급 ·159
　　13.6-1 공 위치
　　13.6-2 샷
　　13.6-3 스윙

13.7 퍼팅에 대한 언급 ·167

14 PGA/LPGA/유럽피안 투어에서 활약할 한국인 선수들을 위한 영어 인터뷰 질문과 답변들
Interview questions and answers in English for the Korean players at PGA/LPGA/European Tour

14.1 인터뷰 진행자 질문자 언급 ·174
14.2 진행될 경기에 대한 답변 ·175
14.3 우승 소감과 경기 내용에 대한 답변 ·188
14.4 다른 선수에 대한 칭찬 ·203
14.5 잘한 경기 내용에 대한 답변 ·206
14.6 잘못한 경기 내용에 대한 답변 ·212

부록1 : 한국 선수들에 관한 영문기사 번역
Articles about Korean players ·222
최경주.양용은.박세리.박인비.최나연.전인지

부록2 : 골프 용어와 유익한 단어들
Golf Terminology and Useful Words ·231

사진출처
골프 규칙에 대한 퀴즈 출처
골프 규칙에 대한 퀴즈 정답

01

공항/호텔에서 픽업
Pick up at Airport and Hotel

01 공항/호텔에서 픽업
Pick up at Airport and Hotel

니콜라스 오래간만 입니다.	Hi, Nicolas. Long time no see!

(주1) Long time no see = I have not seen you for a long time
오래 간만이야(직접 얼굴 보고 얘기 할 때)
(주2) Long time no talk = I have not talked to you for a longtime
오래간만에 통화하네(전화 통화 할 때)
(주3) 간단히 It's been a long time 을 사용하면 직접 대면 대화 할 때나, 전화 통화 할 때, 이메일, SNS 등에 모두 쓸 수 있습니다.

세 문장 모두 필히 암기 바랍니다.

미스터 김 오래간만 입니다.	Mr. Kim. It's been a long time

(주) It's been a long time = It's been a while = It's been ages

비행은 어땠습니까?	How was the flight?

(주) How was the school today? 오늘 학교 생활은 어땠니?

두 문장 모두 필히 암기 바랍니다.

아주 즐거웠습니다.	I really enjoyed it
티 오프 타임은 내일 오전 11시 30분입니다.	Tee-off time is 11:30 AM tomorrow
오전 10시에 당신 호텔에서 픽업 하겠습니다.	I will pick you up at your hotel 10AM

(주) to pick someone up "누구를 픽업하다"

(예) Who will pick me up from the airport?
공항으로부터 누가 나를 픽업할거니?

두 문장 모두 필히 암기 바랍니다.

감사합니다. 나는 오늘 밤, 호텔방에서 골프 중계를 시청할 예정 입니다.	Thank you. I am going to watch a golf game in the hotel room tonight
일찍 주무시기 바랍니다.	I hope you go to bed early
마중 나와 주어서 감사했습니다.	Thank you for picking me up

01 공항/호텔에서 픽업
Pick up at Airport and Hotel

02

티 오프 & 드라이브 샷
Tee-Off & Drive Shot

- **2.1** 기념품 증정
- **2.2** 날씨에 대한 대화
- **2.3** 핸디캡에 대한 대화
- **2.4** 티 박스 정하기/오너 정하기
- **2.5** 첫 번째 티 샷
- **2.6** 티 샷 칭찬과 격려
- **2.7** 바람(Wind)
- **2.8** 홀에 대한 설명

02 티 오프 & 드라이브 샷
Tee-Off & Drive Shot

2-1. 기념품 증정

이것은 당신을 위한 자그마한 선물입니다.	This is a little present for you

(주1) 접대 골프 시 골프 공(형편이 되면 회사 logo가 들어가 있는 골프 공)을 선사하면 아주 분위기가 좋아집니다.
(주2) present=gift "선물", souvenir "기념품"

이것은 특별히 당신을 위해 준비했습니다.	This is especially for you

필히 암기바랍니다.

이 공들이 오늘 당신에게 행운을 가져오기를 기대합니다.	I wish these balls could bring you luck today
감사합니다. 공을 여러 개 잃어버리지 않고 공 한 개만을 사용하여 경기를 끝내고 싶습니다.	Thank you. I'd like to finish the game using only one ball without losing a few balls

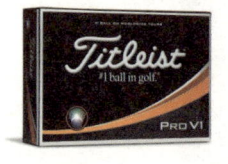

2-2. 날씨에 대한 대화

골프장이 아주 좋습니다.	It's a good golf course
날씨가 골프 치기에 완벽합니다.	The weather is perfect for golf
날씨가 골프치기 딱 좋습니다.	It is good golf day
날씨가 더할 나위 없이 좋습니다.	It couldn't be better
날씨가 딱 내가 좋아하는 취향의 날씨입니다.	Just my type of good weather

(주1) type "취향", style "방식, 유행" 정확한 표현은 She is not my type=She is not my type of tea 그녀는 내 취향이 아니야 one's cup of tea: 누구의 취향 (필히 암기 바랍니다)

(주2) "그녀는 내 스타일이 아니야" 모 개그 프로그램에서 유행했던 이 말은 **영어로는 STYLE 을 쓰면 안되고, TYPE 써야 맞는 것 입니다.** STYLE 은 Way of behaving, doing, working, designing, managing, teaching 등 행동, 일, 디자인, 관리 방법, 가르치는 방식 이라는 뜻 입니다. 예를 들면 I like her management style 난 그녀의 회사 운영 방침이 좋아 I hate his teaching style 난 그 선생님의 교육 방법이 싫어.

네 문장 모두 필히 암기 바랍니다.

날씨가, 내가 들은 바로는, 날씨가 약간 따뜻하고 햇빛이 날거라고 합니다.	From what I heard, it's going to be a little warmer and sunnier today

(주) from what I heard "내가 들은 바로는", from what I know=as far as I know "내가 아는 바로는" (모두 자주 쓰는 표현 입니다)

세 문장 모두 필히 암기 바랍니다.

2-3. 핸디캡에 대한 대화

핸디캡이 얼마입니까? (몇 개 놓고 치십니까?)	What is your handicap? = What's your handicap in golf?

(주) "핸디가 얼마입니까?" 로 많이 사용하는 골퍼들이 있는데, 원래는 "핸디캡이 얼마 입니까"로 사용해야 맞는 표현 입니다.

나는 핸디캡이 높습니다.	I am a high handicapper

(주) She is a low handicapper 그녀는 핸디캡이 낮아 He is a single handicapper 그는 핸디캡이 싱글 이야.	
핸디캡은 스물 입니다.	My handicap is 20
대개 90 대 초반 칩니다.	I usually hit in the low nineties
(주) I shoot in the nineties 나는 90대 칩니다.	
대개 나는 70대 후반 칩니다.	I usually hit in the high seventies
대개 나는 80대 중반 칩니다.	I usually hit middle eighties
(주) I am a eighties shooter 나는 80대 칩니다.	
사실은 난 보기 플레이어 입니다.	Actually, I am a bogey player
(주) bogey player 는 핸디캡 18 정도로 90타 내외를 치는 사람입니다. I play bogey golf 라고 표현해도 됩니다.	
나는 아직 배우는 과정중에 있습니다.	I am still in the learning process
초보자 입니다. 아직 100타를 깨 보지 못 했습니다.	I am a beginner. I have not broken 100 strokes yet
(주) to break 100 strokes "100타 미만을 치다" 필자는 1984년 3월 24일에 100타를 깼습니다.(사진: 전반 51타 후반 47타) 사진은 그 상패입니다.	

에피소드

핸디캡은 2 입니다 / 정말입니까? 당신은 프로 선수가 틀림 없습니다 / 아닙니다. 농담이었습니다. 내가 남에게 받아야 하는 핸디캡은 방향과 거리 입니다 / 당신은 농담을 참 잘 하시네요 My handicaps are two / Really? Then, you must be a professional golfer / No! I was joking. My handicaps are direction and distance / You have a good sense of humor
(주1) 원래는 My handicap is two가 문법적으로 맞습니다 (주2) 필자가 1999년 인도네시아 자카르타 근교 Cibubur에 살 때, 앞집에 사는 인도네시아 육군 중장(Lieutenant General) 에게서 들었던 실제 에피소드 입니다. 핸디캡이 얼마냐는 질문에대한 답변으로서 그 사람은 재치 있게 "방향" 과 "거리"라고 대답했습니다.

2-4. 티 박스 정하기/오너 정하기

| 어느 티 박스에서 치기를 원하십니까? 흰 티 또는 청 티? | Which tee box do you want play from (또는 hit from)? White or blue tee? |

(주) **It's up to you** 당신이 정하는 대로 하겠습니다.

필히 암기 바랍니다.

| 어느 티잉 그라운드에서 당신이 치면 좋을까요? 흰색 또는 청색? | Which teeing ground is best for you? White or bule? |

(주) 접대 골프를 칠 때는 상대방이 꼭 청 티에서 치겠다고 주장하지 않는 한, 흰 티에서 칠 것을 권장 합니다. 청 티에서 치면 아무래도 거리가 길어 점수가 잘 안 나오기 때문에 비즈니스 골프가 오히려 역효과가 나올 수 있습니다.

| 당신은 초대 손님이니까 먼저 치도록 아너(honor)를 드리겠습니다. | As you are invited guest, I will give you an honor |

(주) **honor** "영광" 골프에서 honor 는 티잉 그라운드에서 먼저 치는 사람(The player who is to play first from the teeing ground)를 뜻합니다. 발음은 "아너"(미국 영어), "오너"(영국 영어) 입니다. 필자는 "아너"라고 발음하는 것을 권장합니다.

| 당신이 아너 입니다. 먼저 치십시오. | The honor is yours = You have the honor = You have the honors. Please go ahead! |

(주) honor 로 해도 되고 복수로 honors도 사용 가능합니다.

| 고맙지만, 당신이 먼저 치십시오. | No, thank you. You just go ahead |

(주) **to go ahead** "앞서 가다, 먼저 하다, 시작하다" 아주 자주 사용하는 중요 숙어 입니다.

필히 암기 바랍니다.

내가 먼저 치게 되면 어깨에 중압감이 많습니다.	There's a lot of pressure on my shoulder when I hit first
당신이 타샷 하시면 됩니다.	The tee is yours!
그러면, 뽑기로 순서를 정하시죠.	Then, let's draw the sticks to decide the order of play
축하합니다. 당신이 아너 입니다.	Congratulations! You got the honor

2-5. 첫 번째 티 샷

와우! 난 매우 긴장이 됩니다.	Wow! I am very nervous

필히 암기 바랍니다.

오비 났습니다.	You're out of bounds!

(주) OB: Out of Bounds

멀리건을 드리니 한번 더 차십시오!	You can take a Mulligan and hit an extra shot! = I will give you a Mulligan

(주) **많은 분들이 "물간"이라고 잘못 발음하는데 정확한 발음은 "멀리건" 입니다.** Mulligan은 사람 이름입니다. 멀리건 룰은 골프를 자주 쳤던 네 친구 중 불의의 사고로 세상을 떠난 Mulligan 친구를 기리는 인간적인 매력을 보여주는 것으로 아마추어 게임에서 상대방의 실수를 받아드려, 그가 재기할 수 있도록 다시 한 번 기회를 주는 배려로 자리 잡았습니다. **다시 강조하지만 "물간"이라고 발음하면 안 됩니다.**

이 드라이버 클럽을 한번 써 보십시오.	Try this driver!

(주) **Have you ever tried Korean food before?** 한국 음식 먹어 본 적 있니? **Try this on!** 이 옷을 한 번 입어봐!

두 문장 모두 필히 암기 바랍니다.

첫 티 샷은 전혀 문제가 없습니다. 페어웨이에 공이 있습니다.	There was nothing wrong with your 1st tee shot. Your ball is in the fairway
페어웨이에 공을 안착시켰습니다.	You hit the fairway

(주) **I missed the fairway** 난 페어웨이를 벗어났어.

내 드라이버 샷에 만족합니다.	I am happy with my driver shot

(주1) **He will be happy with that shot** 그 샷에 만족할 겁니다, **He will be more than happy with that shot** 그는 그 샷에 매우 만족할 겁니다.

(주2) **more than happy=very happy** "매우 행복한"

2-6. 티 샷 칭찬과 격려

공을 때릴 때 힘이 좋습니다.	You are a power hitter
공을 똑바로 치십니다.	You hit the ball straight
공을 엄청 참 잘 치십니다.	You are a great ball striker
당신은 나보다 드라이버 샷을 더 멀리 보냈습니다.	Your driver shot was longer than mine
당신은 장타자 입니다.	You are a long hitter=You are a big hitter
바라는 대로 완벽한 드라이버 샷을 날렸습니다.	You hit a perfect drive just the way you wanted to

㈜ **You didn't hit the fairway** 당신이 친 공이 페어웨이를 벗어났습니다

샷이 나쁘지 않았습니다.	Your shot was not too bad
난 시작의 감이 좋습니다.	I am starting to feel good
시작이 좋습니다.	You made a good start
아주 좋아 보이는 티샷 입니다.	Good looking tee-shot!
드라이버 샷이 아주 대단했습니다.	Big drive!=Beautiful drive!
엄청난 드라이버 샷 이었습니다.	It was a gigantic drive!

㈜ giant "거인(명사)", gigantic "거대한(형용사)"

완벽합니다!	That couldn't be better! =That's perfect!
장타를 쳤습니다!	That was a long drive!
제일 장타이십니다(공을 제일 보냈습니다)	You are the longest
천부적으로 당신은 운동 신경이 있습니다.	You are naturally athletic

㈜ athletic "운동신경이 있는, 탄탄한"

드라이브를 당신은 나보다 오십(50) 야드 더 멀리 칩니다.	You outdrive me more than 50 yards.

(주) **outdrive** "드라이버 shot을 남보다 멀리 쳐 보내다", **outnumber** "수 적으로 우세하다", **outsmart** "누구보다 한 수 위다"

좋은 소식은 당신이 드라이버 샷을 250미터를 쳤다는 것이고, 나쁜 소식은 당신의 볼이 벙커에 있다는 겁니다.	The good news is you hit the ball 250 meters, but the bad news is your ball is in the bunker

(주1) 영어에서는 **good news**(좋은 소식) 와 **bad news**(나쁜 소식)을 함께 사용하는 경우가 아주 흔합니다.

(예) I've got good news and bad news for you. Which one do you want to hear first? = Good news and bad news! What do you want to hear first?
너에게 좋은 소식과 나쁜 소식이 있어. 어떤 것을 먼저 들을래?

예문 두 문장 필히 암기 바랍니다

(주2) 듣던 중 반가운 소리야 I am glad to hear that = That's what I need to hear = Really nice to hear it = I am glad to hear it = That's music to my ears = That's good to hear

2-7. 바람(wind)

바람이 어느 쪽에서 불고 있습니까?	Which way is the wind blowing?
바람이 어느 쪽에서 부는지 두고 봅시다.	We will see which way the wind blows.
바람은 등 뒤에서 불어 순풍 입니다.	The wind is blowing at your back
바람이 뒤에서 불고 있습니다.	The wind is with you =The wind is blowing with you
바람이 얼굴 앞에서 불어 역풍 입니다.	The wind is blowing in your face

(주) **The wind is against you** 맞바람입니다.

바람이 오른 쪽에서 왼 쪽으로 불고 있습니다.	The wind is blowing from right to left
바람이 잠잠해지고 있습니다.	The wind is dying

(주1) **to die** "죽다. 사라지다" die 의 현재분사 형은 **dying** 입니다.
(주2) 자주 쓰이는 표현으로, I need some air = I need to get some fresh air 바람을 좀 쐬어야겠어.

두 문장 모두 필히 암기 바랍니다.

2-8. 홀에 대한 설명

이 홀은 드라이버로 그린을 직접 공략할 수 있습니다.	This hole could be drivable

(주) drivable "drive 샷을 날릴 수 있는"

이 홀은 드라이버로 온이 가능한 파 4 입니다. 드라이버로 막 바로 그린을 공략할 수 있습니다.	It's middle par 4 hole, drivable hole. You can go for the green with driver

(주) go for " 노리다, 시도하다"

(예) Just go for it! 그냥 한번 해봐!

이 홀은 파가 가능한 파4 홀 입니다.	This is manageable par 4 hole
이 홀은 휘어진 홀로 매우 힘든 홀 입니다.	This is dog leg hole and very tough hole

(주) dog leg hole: 개의 다리 모양처럼 오른 쪽이나 왼 쪽으로 휘어져 (crooked) 티 박스에서 그린이 안 보이는 홀

무주공산 입니다.(파3에서 자기보다 먼저 친 사람들이 Regular On 을 못 시킨 경우 나머지 1명에게 기회가 왔을 때)	The door is wide open = This is your chance = It's all yours

(주) 많은 사람들이 "No mark chance" 라고 말하는 데, 이 것은 틀린 표현입니다.

세 문장 모두 필히 암기 바랍니다.

티 박스에 올라가봐야 어떻게 쳐야 할지 비로소 알게 됩니다. (직역: 티 박스에 올라 갈 때 까지는 어떻게 해야 할지 절대 모릅니다)	You never know until you stand up on the tee box how you are going to do it

(주) 그만큼 코스 자체가 쉽지 않다는 뜻 입니다.

에피소드

오늘 특별한 손님을 모셨습니다. 니콜라스 김씨를 환영해 주십시오. 큰 박수를 보내 주십시오 We have a special guest today, Please welcome Mr. Nicolas Kim. (=Please join me in welcoming Mr. Nicolas Kim=Please give warm welcome to Mr. Nicolas Kim).

Let's put our hands together for Mr. Nicolas Kim(=Please give our big hands to Mr. Nicolas Kim) ㈜ 회사 차원 골프 대회 또는 동문 모임 골프 토너먼트에 VIP참석시 소개할 때 (예) 2008년 인도네시아 **TELKOM**(국영 전화/전신 공사) 토너먼트에 필자가 VIP로 참석되어, 경기 시작 전에 다른 손님들 앞에서 **VIP** 로 소개 받은 바 있습니다.

2014년 기준으로 우리나라 골퍼들의, 평균 타수는 33%가 91-100타를 친다고 답해 가장 많았고, 81-90타(22%), 101-110타(18%)이었고 싱글 핸디캡 수준인 80타 이하는 7% 였습니다.

Golf Rules Quiz
골프 규칙에 대한 퀴즈

㈜ 전 세계적으로, 진정한 명문 골프장에서는 회원권을 살 때, 기존 회원들의 추천이나 간단한 골프 규칙에 대한 서면 테스트도하고 골프장 수석 프로하고 시범 경기를 하고 기본 규칙에 대해 알고 있는지, 아니면 전혀 준비가 안된 골퍼인지를 확인하고 결정합니다. 그리하여, 필자가 회원권을 사기 위해 직접 받은 테스트를 중간 중간에 넣었습니다. 흥미도 있지만, 진정한 골퍼는 핸디캡에 상관없이 깨끗한 매너와 제대로 된 규칙을 잘 알아야 하는 것이라고 생각합니다. (정답은 책 마지막 페이지에 있습니다)

02. 네/아니오
당신은 벙커에 빠진 당신의 공에 묻어있는 흙이나 모래 등 이른바 푸석푸석한 장애물을 제거할 수 있다.
You may remove loose impediments in the bunker

Jokes about golf
골프에 관한 농담

㈜ 비즈니스 골프 동반자와 친한 경우와 친하지 않은 경우를 구별하여 사용하시기 바랍니다. 공이 오른 쪽으로 가면 슬라이스 이고, 공이 왼 쪽으로 가면 훅입니다. 만약에 공이 똑바로 가면, 그건 기적입니다.
If it goes right, it's a slice. If it goes left, it's a hook. If it goes straight, it's a miracle

03

페어웨이에서
On the Fairway

3.1 나이스 샷에 대한 칭찬
3.2 스윙에 대한 칭찬
3.3 격려와 응원
3.4 공 위치 알려주기
3.5 코스 공략법에 대한 정보

03 페어웨이 에서
On the Fairway

3-1. 나이스 샷에 대한 칭찬

| 나이스 샷! | Nice shot! |

(주) 어떤 분들은 **Nice shot!** 이 틀린 표현이라고 단정 짓고 있는데, ESPN, Star Sports Golf 중계에서도 쓰이고 있습니다. 단 아주 대단한 멋진 shot은 아니지만 좋은 shot이란 뜻입니다.

(예1) **Nice shot from that distance!** (그 거리에선 괜찮은 shot입니다: 2000년 7월 22일 새벽 1시에, 129회 The British Open 에서 해설자가 썼던 표현입니다) 또한 마지막 4 라운드에서 Tiger Woods 의 스승인 Butch Harmon 과의 TV interview에서 그가 말하기를,
(예2) **"I did not do much thing. All I had to do was keep saying "Nice Shot!"** 내가 한일은 별로 없었습니다. 내가 해야만 했던 것은 계속해서 "좋은 샷 이야"라고 말하는 것이었습니다.

선수약력 : 타이거 우즈(Tiger Woods)

1975년생. 1996년, 20살에 **PGA** 프로 데뷔. 메이저 대회 14승 (**Masters**: 4 번, **PGA Championship**: 4 번, **US Open**: 3 번, 영국 **The Open**: 3 번, **Jack Nicklaus** 18승에 이어 역대 2위) 포함 **PGA** 대회 79승(**Sam Snead** 82승에 이은 역대 2위), 프로 통산 106승. 올해의 선수 11번, 상금 왕 10번, 최저 타수상(**Vardon Trophy**) 9번, 1996년 8월부터 2004년 9월까지, 246주 세계 랭킹 1위, 2005년 6월부터 2010년 10월까지 본인의 세계 기록을 깨고 281주 동안 세계 랭킹1위 이었음. 1996부터 2015년 까지, **PGA** 대회에서만 받은 상금이 1억1천만 달러. 2010년 이혼과 등 수술(**back surgery**) 등으로 성적이 저조해져, 2016년 5월에 세계 랭킹 500위 밖으로 추락한 적도 있음.

토막상식

Career Grand Slam (PGA 나 LPGA 4개 메이저 대회 우승)
남자 5명: Gene Sarazen, Ben Hogan, Gary Player, Jack Nicklaus, Tiger Woods (주) Jack Nicklaus(메이저 통산 우승18번) 와 Tiger Woods(메이저 통산 14승) 는 커리어 그랜드 슬램을 3번 씩 달성
여자 7명: Louise Suggs, Mickey Wright, Pat Bradley, Juli Inkster, Karrie Webb, Annika Sorenstam, Park Inbee (박인비) (주) The Evian Championship 이 2011년부터 5번째 메이저 대회로 추가됨에 따라 LPGA 에서는 5개 대회를 우승하면 Super Career Grand Slam 으로 명명하기로 했다고 합니다. 전인지 선수가 2015년 메이저 대회 US Women's Open에서 우승하고, 2016년 Evian Championship 에서 21언더파로 우승하여, PGA, LPGA 메이저 대회에서 남녀 선수 가운데 가장 적은 타수로 우승하는 기록을 세웠습니다.

선수약력 : 박인비(Park Inbee)

1988년생. 2007년, LPGA 무대 데뷔하여, 메이저 대회 7승(2013년 시즌 한 해에 3개 메이저 우승, Women's PGA Championship 에서는 Annika Sorenstam 에 이어 두 번째로, 3년 연속 우승 포함하여 LPGA 18승, 프로 통산 28승 기록 중. 2013년 4월15일부터 2014년 6월1일 까지 세계 랭킹 1위 한 적 있고, 2014년 10월에 다시 1위 자리 탈환한 바 있음. 2016년에는 브라질 올림픽에서 1900년 이후, 116년 만에 부활된 골프 개인전에서 처음으로 금메달을 목에 거는 쾌거를 이루었음. 또한 2016년에 명예의 전당 입회 자격을 갖추게 되어, 가장 나이 어린 선수로 가입 될 것임.

잘 쳤습니다!	Good shot!
(주1) 잘 쳤어! 라고 말 할 때 가장 흔히 많이 쓰입니다. Nice shot! 을 써도 틀린 표현이 아닙니다. (주2) What a shot! = Beautiful shot! = Wonderful shot! = Fantastic shot! 아주 잘 쳤어!	
멋진 샷 입니다!	Great shot! = Fantastic shot! = Wonderful shot! = Superb shot! = Marvelous shot! = Beautiful shot! = Magnificent Shot! = Fabulous shot! = Glorious shot! = That's a beauty!

(주1) Player가 아주 멋진 shot을 구사했을 때 골프 방송에서 해설자들이 표현했던 칭찬의 표현 입니다.
(주2) fabulous "대단히 멋진, 근사한"

| 정말 대단한 샷 입니다. | What a golf shot!
= What a shot! |

(주1) Player가 아주 멋진 shot을 구사했을 때 하는 극찬의 표현 입니다.
(주2) Jack Nicklaus 선수가 1986년에, 46세의 나이로 Masters마지막 날 65타를 치고 우승을 했을 때 아나운서는 **What a round!** (대단한 마지막 날 입니다), **What a play!** (경기 내용이 대단했습니다), **What a day!** (대단한 날 입니다)를 연속해서 외치며 칭찬을 했던 것을 필자는 기억 합니다.

잘 맞혔습니다! (contact 이 좋았습니다)	Good contact!
대단한 노력을 기울인 잘 친 샷입니다.	That's great effort!
당신은 볼을 정말 잘 칩니다.	You hit the ball really good
정말 완벽한 샷 입니다.	Absolutely perfect!
당신은 골프를 잘 치십니다. (일반적 칭찬)	You are a good golfer = You are good at golf

(주) Be동사 + good at +동사ing 또는 명사는 무엇을 잘한다 의 뜻입니다.

예
He is a good singer = He is good at singing
그는 노래를 잘한다.
She is a good dancer = She is good at dancing
그녀는 춤을 잘 춘다.

네 문장 틀히 암기 하시기 바랍니다.

| 공을 참 다루어서 치십니다. (볼 striking 능력이 뛰어 난 사람에게 하는 칭찬) | You are a good golf striker
= You are a good ball striker |

(주) You are solid ball striker 건실하게 당신은 공을 때립니다.

아이언 샷을 참 잘 치십니다.	You are a good iron player = You are a wonderful iron player = You iron game is really great
당신은 공을 참 멀리 보냅니다.	You hit the ball very long
뛰어난 샷 이었습니다.	It was outstanding shot

믿기지가 않습니다.	It's amazing! = It's unbelievable! = It's incredible! = It's awesome!

(주) amazing = unbelievable = incredible = awesome "대단한, 믿겨지지 않는" 젊은이들이 많이 쓰는 [대박] 이라는 표현 입니다" 그리고 "대박"은 명사로 jackpot, big hit, big success, bonanza(노다지) 로 표현 할 수 있습니다.

내 뜻맞 꼭 외기 하시기 바랍니다.

정말 훌륭한 샷 입니다.	Really very well executed shot!
아주 잘 쳤습니다!	Very nicely done! = Very nice! = Well played! = Well done! = Well executed

(주) 일 같은 것을 잘 했을 때는
Good job! = Excellent job! = Superb job! 을 씁니다.

꼭 외기 하시기 바랍니다.

볼을 참 정확하게 치십니다.	You hit the ball very precisely

(주) precisely "정확하게, 정밀하게"

오늘 당신 샷이 끝내줍니다.	You play superbly today

(주) superb "최고의, 최상의", superbly "최고로, 아주 훌륭하게"

오잘공(오늘 친 샷 중에서 제일 잘 맞은 공) 입니다!	Shot of the day! =That's shot of the day

3-2. 스윙에 대한 칭찬

주제넘은 얘기지만, 당신은 싱글 칠 수 있는 훌륭한 스윙 폼을 갖고 있습니다.	With all my respect, I think you have got great swing to become a single-digit handicapper.

(주1) with all my respect "주제넘은 말씀입니다만", 말하기 부담되는 상대방이나 상관, 윗 사람에게 조심스럽게 자기 의견을 피력할 때 쓰는 말입니다. 아주 자주 사용 됩니다.

(주2) Digit "0에서 9까지의 숫자" single digit "0에서 9" double digits "10 에서 99", six digits = six figures "100,000 에서 999,999 사이"

예) His annual salary is six digits 그의 연봉은 수십 만불 입니다.	
당신은 부드럽고 좋은 스윙을 갖고 있고 절대 서두르는 법이 없습니다.	You have very good, smooth swing and you never rush
(주) to rush "서두르다"	
당신은 골프에 대한 자질이 있습니다.	You have a talent for golf
(주) have a talent for something "무엇에 대한 재주, 재능이 있다", have an eye for something "무엇에 대한 안목이 있다" 2개 다 자주 사용되는 표현 입니다.	

스윙이 좋아 보입니다.	That's a good-looking swing
(주) good-looking "❶사람이 잘생긴 = handsome, ❷사물이 좋아 보이는"	
프로처럼 폼이 좋아 당신의 스윙 폼을 흉내 낼 수가 없습니다.	I cannot copy your form because you look like a pro
(주) to copy "복사하다, 흉내 내다"	

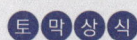

골퍼들이 흔히 실수해서 사용하는 단어가 있습니다. 골프를 치다 라는 뜻으로 **라운딩(rounding)**이라는 용어는 틀린 것 입니다. Rounding 은 **"숫자 계산에서 반올림"**을 뜻 합니다. **"골프를 치다"**는 to play golf 또는 to play a round of golf 가 맞습니다.

또 자주 사용하는 Nice on! Nice In! Nice par! 는 틀린 표현 입니다 Nice Shot! Nice chip shot! 은 맞는 표현 입니다.

3-3. 격려와 응원

나쁘지 않은 샷 입니다.	That's not bad
그 정도 샷 이면 괜찮습니다!	That's not bad at all!
초보자에게는 괜찮은 편입니다.	That's not bad for a beginner
샷을 할 수록 잘하고 있습니다.	You are playing better shot after shot

결과가 좋은 실수 샷 입니다.	Nice miss-shot!
(주) nice miss-shot "잘못 맞은 샷 이지만 결과가 좋을 때" 쓰는 표현입니다.	
공이 러프로 갈 테면 가라 그러고, 물에 빠지더라도 빠지라고 하십시오. 힘을 내서 잘 치면 됩니다.	If the ball goes in the rough, it goes in the rough. If it goes in the water, it goes in the water. Buck up and hit a good one!
(주1) to buck up: 회화체로서 "힘을 내" "정신 차려"(=cheer up), 또한 영국 영어로서 "서둘러"(=hurry up)의 뜻 (주2) buck 은 명사로 미국 돈 dollar 뜻이 있습니다. (미국 속어 이지만 자주 사용합니다)	
공아 제발 그린에 올라가!	Get up, get up!
(주) 좀 짧게 쳤을 때 쓰는 표현이며, 좀 길게 쳤을 때는 Sit, sit, sit down! (그만 가고 거기서 멈춰 앉아), 퍼팅 시, 컵 안에 좀 들어가라는 표현은 는 Get in the hole = Go in! 입니다.	

모두 틀히 암기 하시기 바랍니다.

공이 당신 말을 알아듣습니다. (공이 당신이 원하는 방향으로 갔을 때)	The ball is listening
운이 안 따라 주었습니다.	That's unlucky!
약간의 운이 따랐습니다!	A little bit of fortune!
운이 좋으셨습니다. 바운스가 좋았습니다!	You got lucky. Good bounce!
원하는 거리만큼 가라 좀! (짧지도 길지도 않게)	Be the right club!

3-4. 공 위치 알려주기

페어웨이에 공이 있습니다.	You are on the fairway.
페어웨이 정 중앙에 공이 놓여있습니다.	Your ball is in the middle of the fairway = Your ball is in the heart of the fairway
(주) in the middle of = in the heart of = in the center of "중앙에, 한가운데에"	
페어웨이에 공을 안착시켰습니다.	You hit the fairway

03 페어웨이 에서 / On the Fairway

페어웨이에 당신은 매 번 공을 안착 시킵니다.	You hit the fairway every time
페어웨이에서 완전히 멈추었습니다.	The ball stops dead on the fairway

(주) **stop dead** "완전히 멈추다"

페어웨이에 안착 시킨 사람이 없습니다.	Open fairway for you!

(주1) 다른 사람들이 fairway을 놓치고 한 사람한테만 driver 칠 차례가 남았을 때 하는 말

(주2) 무주공산 (par 3홀에서 다른 선수 들이 그린에 올리지 못하고 나 한 사람만 기회가 왔을 때 사용하는 표현)은 **The door is open (for me) = The door is wide open = The chance is mine = It's all mine**

두 문장 필히 암기 하시기 바랍니다.

공이 아주 좋은 위치에 있습니다.	That is in pretty good shape
공이 러프에 떨어졌습니다.	You are in the rough
공이 불편한 라이에 놓여 있습니다.	The ball is on the awkward lie

(주) **awkward** "불편한, 어색한, 곤란한" (중요한 형용사 입니다)

모두 필히 암기 하시기 바랍니다.

공 놓인 위치가 괜찮습니다.	That is decent lie

(주1) **decent** ❶ (복장·집 등이) 버젓한, 알맞은, 남부럽지 않은, ❷ (태도·사상·언어 등이) 예의 바른, 품위 있는, ❸ (수입 등이) 어지간한, 남만한, ❹ (가족 따위) 문벌이 좋은, 사회적 지위가 있는, 상당한.

(주2) **decent** 는 아주 사용되는 중요한 형용사 입니다.

필히 암기 하시기 바랍니다.

(예) **The ball is on the decent lie** 공이 괜찮은 라이에 놓여 있습니다.

공이 그린 가장자리에 놓여 있습니다.	The ball is sitting on the fringe of the green
공이 당신이 원하는 대로 갑니다. (직역: 볼에 귀가 있어 당신 말을 듣습니다.)	The ball seems to listen to you

공은 나무와 러프 사이에 틀림없이 있을 겁니다.	The ball must be somewhere between the tree and the rough

(주) **somewhere between A and B** "A와 B 사이 중간" (많이 쓰입니다)

(예) The price should be somewhere between U$50 to U$55 가격은 50불에서 55불 사이여야 합니다.
(바이어와 가격 네고 시에 특히 많이 쓰이는 표현 입니다.)

필히 암기 하시기 바랍니다.

3-5. 코스 공략법에 대한 정보

골프장 공략 하는 법을 당신은 잘 아십니다.	You know how to manage the golf course
목표지점이 안 보이는 샷 입니다.	It is a blind shot
백삼십 야드 남았습니다. 당신에게 전혀 문제 될 것 없습니다.	It's only 130 yards, it shouldn't be a problem to you
내가 보기엔 당신은 5번 아이언으로 안전하게 끊어서 가는 것이 좋을 것 같습니다.	The way I look at is that you may have to lay up with 5 iron

(주1) **the way I look at it** "내 견해는" (아주 자주 쓰이는 관용구 입니다)

필히 암기 하시기 바랍니다.

(예) That's the way I look at it 내 견해는 그래.
The way I look at it is this 내 견해는 이래

(주2) golf에서 lay-up shot 은 그린 앞에 water hazard 등 장애물이 있어 직접 그린 공략(Go for it)하지 않고 안전하게 플레이(Play it safe) 하는 샷을 말합니다.
Lay off (해고하다=to fire) 와 혼돈 하시지 말기 바랍니다.

공이 잘 구릅니다. 왜냐하면 페어웨이가 말라서 그렇습니다.	The ball is running well because the fairway is dry
공이 굴러가지 않습니다. (땅이 젖어 있습니다)	There is no roll on the ball

더 긴 채를 사용하는 게 좋겠습니다. (직역: 더 긴 클럽이 필요하실 겁니다)	You'll need a longer club = You'd better use a longer club = you may want to use a longer club
더 짧은 채를 사용하는 게 좋겠습니다. (직역: 더 짧은 클럽이 필요하실 겁니다)	You'll need a shorter club = You'd better use a shorter club = You may want to use a shorter club

에피소드

나는 야드를 좋아합니다.(익숙합니다) I am a yard guy=I am familiar with yard=I am not familiar with meter (주1) 필자는 2010년에 업무 관계로 미국인 2명과 골프 칠 기회가 있었는데, 한 사람은 아주 초보자라서 Meter 를 Yard로 거리를 환산하는데, 익숙하지가 않았으며, 자기는 야드에 익숙하다는 표현을 썼고 필자는 그 때 처음으로 그런 표현을 듣게 되었습니다. (주2) 이런 것과 비슷한 표현으로 I am a dog person(나는 개를 좋아합니다), I am a cat guy(나는 고양이를 좋아합니다), I am a pet lover (나는 애완동물을 좋아합니다), I am a meat lover (나는 고기를 좋아합니다), I am an exercise lover(나는 체력 단련을 좋아 합니다) I am not a vegetable lover (나는 야채를 좋아하지 않습니다)

Golf Rules Quiz
골프 규칙에 대한 퀴즈

Q&A

02. 네/아니오

헤저드 에서는 당신의 클럽이 땅에 닿아서는 안 된다.
You are not allowed to touch the ground in a hazard with your club

Jokes about golf
골프에 관한 농담

골프는 가장 기분 잡치게 하는 운동이다.
Golf is the most frustrating sport
(주) 우리는 스트레스 풀려고 골프 치는데.. 제일 스트레스 받을 때가 골프 칠 때 이다. (영국인 친구에게 들은 말)

04

그린주변에서
Around the Putting Green

4.1 숏 게임 칭찬
4.2 격려와 응원
4.3 파 세이브

04 그린 주변에서
Around the Putting Green

4-1. 숏 게임 칭찬

칩 샷을 잘 하셨습니다.	Nice chip shot! = Beautiful chip shot!
터치가 훌륭했습니다.	What a touch! = Beautiful touch!
숏 게임을 참 잘하십니다.	Your short game is really good = You are good at short game
숏 게임에 당신은 정말 강합니다.	Your short game is really strong
숏 게임이 당신의 제일 강점 입니다.	The strongest part of your golf game is short game
높이 띄우는 로브 샷이 참멋 집니다.	Your lob shot is fantastic

(주1) 로브 샷: **lob shot**
(주2) 60도 이상 각도의 로브 웨지(lob wedge)를 사용해 워터 해저드나 벙커 너머로 볼을 높이 띄워 정지시키는 샷 입니다.

높이 띄우는 로브 샷을 좀 가르쳐 주십시오.	Please teach me how to hit a lob shot
당신은 벙커 샷의 달인 입니다.	You are the master of the bunker shot
정말로 잘 쳤습니다. (직역: 그보다 더 잘할 수는 없습니다.)	You can't do better than that

4-2. 격려와 응원

한 번 해 보세요!	Please give it a try! = Please give it a go! = Please give it a shot!

(주) **Give it a try! = Give it a go! = Give it a shot!**
"한 번 시도 해보다" 아주 자주 사용되는 표현 입니다.

필히 암기 하시기 바랍니다.

벙커에 빠진것 보다는 훨씬 좋습니다.	That's a lot better than bunker = That's much better than bunker
벙커 샷을 하기에 그린의 여유가 충분합니다.	There is much green to work with

(주) 그린 주변 벙커 샷을 할 때, 그린과 핀 위치가 길어서 여유가 있을 때 자주 쓰는 표현 입니다.

필히 암기 하시기 바랍니다.

그 거리에서 참으로 좋은 샷 입니다.	That's lovely touch from that distance
운칠 기삼이 제때 맞아 떨어졌습니다. (직역: 약간의 기술과 많은 운이 따라줬습니다.)	A little bit of skill and a lot of luck! It came at the right time

(주1) **a little bit of skill and a lot of luck**
"운칠 기삼. 운이 칠십 퍼센트, 기술이 삼십 퍼센트"

(예) Hole-in-one requires a little bit of skill and a lot of luck

(주2) 2016년에 인도네시아 Bandung 에 있는 Giri Gahana 골프장에서 지인 때문에 우연히 보게 된 70세 초반 한국 여성 분은 그 동안 6번의 홀인원을 했다는 말을 듣고 엄청 놀란 적이 있었습니다.

올라가라! (그린 위로)	Get up!
㈜ Get down! 안착해라! (그린에) Stay there! = Sit! 거기 서, 더 굴러 가지 말고!	
그린에 온 됐습니다.	You are on the green = You didn't miss the green
온 그린 되셨습니다. 잘 쳤습니다!	You're on the green. Nice shot!
㈜ 나이스 온(Nice on)은 틀린 표현 입니다.	
더블 보기로 시작했다고 망친 것은 아닙니다. 많은 프로 골퍼들도 역시 더블 보기로 시작합니다.	It's not a disaster to start with double bogey. Many professional golfers also start with double bogey
㈜ It's a disaster! 완전 망했어. 망쳤어.	

4-3. 파 세이브

홀에 잘 붙여서 한 번에 집어넣으면 당신은 파를 잡는 겁니다.	If you get this up and down, you will save par
㈜ 파3에서 1번 만에, 파4에서는 2번 만에, 파5에서는 3번 만에 올리는 것을 "그린 안착 율"(Green In Regulation, 약어 GIR)이라고 하는데, 그렇지 못하고 그린 주변에 볼이 떨어지거나, 그린 벙커에 빠져서, 우리가 소위 얘기하는 "원칩 원퍼트"로 파를 잡거나, 벙커 샷을 잘해서 홀에 갖다 붙여 파를 잡는 것을 "up and down"이라고 합니다. 그리고 몇 타를 쳤느냐 에 상관없이 그린 주변에서 2번 만에 홀 아웃 해도 "up and down"이라고 합니다. (참고 바랍니다: If you are around the green and get the ball up onto the green and then down into the hole in two strokes, you've made an up-and-down regardless of what your score on the hole is)	
홀 안에 직접 공을 집어넣었습니다. 파를 잡았습니다. 축하합니다!	You dropped the ball into the hole. You made a par. Congratulations
㈜ Chip shot 이나 Approach shot 또는 Bunker에서 친 공이 홀에 들어갔을 때 축하 하며 사용하는 표현 입니다.	
한번 샷으로 홀에 집어 넣으십시오!	Knock it in!

㈜ to knock in "쳐서 집어넣다"	
티 샷이 공 위 부분을 맞아 거리 손해를 보았는데 용케도 파를 만들어 냈습니다. 축하합니다.	You topped the tee shot and managed to make a par. Congratulations!
㈜ to manage to do "간신히, 또는 용케도 무엇을 해내다.	
㈜ Don't worry! I know how to manage to make it 걱정 마! 성공해 낼 수 있는 방법을 난 알고 있어 (아주 중요한 관용구 입니다), to make it "성공하다"	

필히 암기 하시기 바랍니다.

그게 바로 골프의 묘미 입니다.	That's the beauty of golf
㈜ That's the beauty of 명사 "명사에 대한 매력, 묘미, 장점을 한마디로 표현 할 때 쓰는 관용구"	

필히 암기 하시기 바랍니다.

㈜ That's the beauty of the rock music 그것이 록 음악의 매력이다.	

05

그린 위에서 퍼팅
On the Putting Green

- **5.1** 그린 읽기와 정보
- **5.2** 긴 퍼팅
- **5.3** 칭찬과 격려
- **5.4** 짧은 퍼팅
- **5.5** 하소연과 아쉬움
- **5.6** 파 세이브와 버디 기회

05 그린 위에서 퍼팅
On the Putting Green

5-1. 그린 읽기와 정보

그린을 잘 읽었습니다.	Good read!
그린을 잘못 읽었습니다.	I misread the green
(주) 이 문장은 일부러 주어를 You 안 하고 I 로 했습니다.	
그린 경사를 잘못 읽었습니다.	I read the break wrong
(주1) break "꺾임" (주2) 이 문장도 일부러 주어를 You 안 하고 I 로 했습니다.	
공이 어느 쪽으로 휘겠습니까? 왼쪽/오른쪽?	Which way will this break? Left or right?
(주) to break "꺾이다"	
공이 오른쪽으로 휠 것 같습니다.	I think it'll break right
(주) It breaks left 공이 왼쪽으로 휩니다.	
그린 위가 기복이 심합니다!	A lot of break on the green
(주) break "❶ 행운, ❷ 기복(= undulation), ❸잠시의 휴식 시간(예: coffee break)" 등의 뜻이 있습니다.	
그린이 울퉁불퉁 합니다.	The green is bumpy
(주) bumpy 울퉁불퉁한	
그린이 느립니다.	The green is slow.
그린이 빠릅니다.	The green is fast.
그린이 믿기지 않을 정도로 빠릅니다.	The green is unbelievably fast

㈜ unbelievably = incredibly "믿을 수 없을 정도로"

5-2. 긴 퍼팅

| 좋은 소식은 그린 위에 공이 있다는 것이고 나쁜 소식은 아주 매우 거리가 먼 putt 입니다. | Good news is the ball is on the green, but the bad news is it's a huge putt |

㈜ 2장 드라이브 샷 "칭찬과 격려"에서 "좋은 소식은 당신이 드라이버 샷을 250미터를 쳤다는 것이고, 나쁜 소식은 당신이 볼이 벙커에 있다는 겁니다"에서 나온 문장처럼 영어에서는 **Good news is… bad news is** 가 아주 자주 사용되는 유용한 표현 입니다.

생각지도 않은 긴 퍼팅이나 아주 어려운 퍼팅이 들어 갔을 때 골퍼들은 주먹을 허공에(in the air) 대고 불끈 쥐거나 또는 영어로 말합니다. 이때 쓰는 표현은 Yes, Sir! =Thank you very much! =Thank you, sir! = I love it! =Yes!!= Hello, hello!

이 중 한 문장이라도 필히 암기 하시기 바랍니다.

| 먼 거리에서 완벽한 퍼트 입니다. | That is perfect putt from such a long range |
| 제주도 온 입니다. | Long way to go! |

㈜ 다른 뜻은 "갈 길이 멀어!" 입니다.

(예1) **We've come a long way, but we still have a long way to go** 우리는 많은 진전이 있었습니다(직역: 우리는 먼 길을 왔습니다) 하지만 아직 우리가 갈 길은 멉니다.

(예2) **We have many miles to go** 갈 길이 멀어(즉, we have to do more 목표를 달성하기 위해서는 더 열심히 해야만 해) (기업가나 CEO, 임원, 부서장, 단체장 등 조직을 이끌어 가는 분들이 밑에 사람들에게 독려의 표현으로 아주 자주 자주 씁니다.

필히 암기 바랍니다.

5-3. 칭찬과 격려

퍼팅이 참 좋으십니다.	Nice putt! = Good putt!

(주1) 이 때는 영어로 Nice Putting!(퍼팅) 이라 말하지 않고 Nice Putt! (퍼트) 라고 말 합니다. 퍼팅이 좋아 보입니다 That's a good-looking putt
(주2) good-looking "사람이 잘생긴 = handsome, 사물이 좋아 보이는"

성공할 수 있는 퍼트 입니다.	That is makeable putt
공이 홀 중앙으로 들어갔습니다.	The ball got in the middle of the hole = Right into the middle of the hole

(주) Nice in은 틀린 표현 입니다.

퍼팅이 아주 좋았습니다.	What a good putt!
퍼팅을 참 잘 하십니다.	You are a great putter

(주) putter "❶ 퍼터 클럽 ❷ 퍼팅을 하는 사람

퍼팅이 아주 많이 좋아졌습니다.	Your putting has come a very long way

(주) have come a long way "많이 발전하거나 변하다"

퍼팅이 한층 더 좋아졌습니다.	You went another level with your putting
퍼터 날이 일찍 열렸습니다.	The blade was releasing early
퍼터를 너무 약하게 쳤습니다.	You hit it too soft

(주) You hit it too hard 퍼터를 너무 강하게 쳤습니다

5-4. 짧은 퍼팅

마지막 퍼팅이 짧았습니다.	The final putt was shy

(주1) 원래 shy의 뜻은 "부끄럼을 타는""소심한"의 뜻인데 Sports에선 "모자란, 짧은, 즉 short"의 뜻입니다.

(예1) **"Don't be shy! Come On. Go for it!**
부끄럼 타지 말고 자재! 한 번 해봐"할 때 많이 쓰입니다.
(예2) He came up one stroke shy 우승에 한 타 모자라는 수준까지 해냈다.

필히 암기 하시기 바랍니다.

퍼팅이 홀로부터 약간 짧았습니다.	A little bit short from the cup = A little bit shy from the hole
퍼팅이 좀 짧았습니다.	Your putting was a little bit shy = Your putting was a little bit short
퍼팅이 좀 짧았습니다.	The putting was a bit shy = The putting was a bit short.
삼피트 거리 남은 퍼팅은 참 싫습니다.	I hate 3 feet putt

(주) 이 문장도 일부러 주어를 You로 안 쓰고 I 로 표현 했습니다.

홀 아웃 안 해도 되겠습니까?	Gimme? = Give me putt? = Concede?

(주1) gimme = give me (비공식 경기에서 치지 않아도 되는 극히 짧은 최종 putt) (주2) **Give me a break! = Gimme a break!** "❶ 그만해, 이제 그만. ❷ 한 번 더 기회를 다오, 한 번만 봐줘"

필히 암기 하시기 바랍니다.

오케이 드리겠습니다. (아주 짧은 거리 퍼팅은 안 해도 됩니다)	That's a gimme = It's a give me = Concede!

(주) gimme = give me 홀에 공이 가깝게 있어 친선으로 하는 stroke play 나 또는 match play 에서 퍼팅을 안하고 공을 집어도 된다고 허용하는 것 입니다. **공식적인 표현은 concede "인정하다. 수긍하다"가 맞습니다. 명사를 쓰면 concession 입니다.**

5-5. 하소연과 아쉬움

공아! 홀에 좀 제발 좀 들어가줘!	Get in! = Get in there! = Come on in! = Fall in there!

예 Unfortunately, putt that I hit good did not go in
재수없게도, 잘 친 퍼팅도 안 들어갔어

공아 더 굴러가지 말고 서줘!	Sit! = Stay there!

(주) 그린 위에서 볼이 굴러갈 때 스톱 이라고 하지 않고 그 자리에 앉아! 의 뜻으로 Sit을 사용하고, 거기에 멈춰! 라는 뜻으로 Stay there 도 씁니다.

필히 암기 하시기 바랍니다.

공아 더 굴러 가줘!	Go! Go! = Get legs!

(주) Get legs 는 목표한 지점 보다 덜 갔다고 생각했을 때 더 굴러 가기를 바라는 마음에서 사용, 즉 볼에 다리(legs)가 있다고 생각하여, 다리야 더 뻗어 기억하면 됩니다.

공아 오른쪽으로 좀 가줘!	Get right!
홀을 살짝 스치고 지나갔습니다.	It just slipped out of the hole
공이 홀 오른쪽 가장 자리를 스쳤습니다.	The ball just kissed right lip

(주) kissed 대신에 slipped 를 써도 됩니다

아깝습니다. 완전히 들어갈 뻔 했습니다.	That was close! = You almost made it = You almost nailed it = You almost had a perfect putt

(주1) **to nail** "스포츠 경기에서 무엇을 이루어 내다
(주2) **Not even close!** 전혀 가깝지 않아. (거리가 터무니 없이 맞지 않거나 질문에 대한 답변이 엉뚱할 때 쓰입니다.)

필히 암기 하시기 바랍니다.

5-6. 파 세이브와 버디 기회

중요한 퍼트 입니다.	It's a big putt

(주) big "중요한, 소중한 = important"

(예) **It's a big day for me** 나에게는 중요한 날이야.

업 앤 다운 끝에 파를 잡았습니다.	You made a par putt to get up and down

(주) 이럴 때 동반자는 Nice up-and-down! 으로 축하 해줍니다.

나이스! 파를 하셨습니다.	Nice, you got a par. (Nice par라고 말 하지 않습니다.)
파로 잘 막았습니다.	Good save! = What a save!
당신은 거의 확실한 버디 기회를 잡았습니다.	You got almost certain birdie!
여기서 당신은 좋은 버디 기회를 잡았습니다.	You have got good birdie opportunity here

(주) 필자 경험에서 보면, 골프 방송에서는 해설자가 버디 기회라고 말할 때, 버디 찬스(chance)보다 버디 기회(opportunity)라고 훨씬 많이 자주 사용 합니다. chance는 "우연히 찾아온 기회" 이고, opportunity는 "노력에 의해 만든 기회"이기 때문 입니다.

축하합니다! 당신은 오늘의 첫 버디를 잡았습니다.	Congratulations! You got today's first birdie

(주1) 버디를 잡았을 때 하이 파이브(High Five: 명사로써 공중에 서로 상대방 손바닥을 쳐주기)로 축하해주는 것이 좋은 매너 입니다.

(예) **Give me five! = Give me a high five!** 축하해, 좋았어, 잘했어! 뜻 입니다. (five는 다섯 손가락을 뜻합니다)

필히 암기 하시기 바랍니다.

(주2) 로우 파이브(Low Five)는 허리 보다 약간 밑에서 손바닥을 서로 마주치는 것을 뜻합니다 (주3) Fist pump 는 승리나 기쁨을 자축하는 제스처로 주먹(Fist)을 불끈 쥐고 펌프질 하듯이 위로 올리는 것이며 Punch the air 와 같은 뜻이고(대표적인 예: 타이거 우즈 선수), Fist pump greeting은 "서로 간에 주먹을 부딪히는 인사하는 법"으로, 미국 야구, 농구 경기 장면에서 많이 볼 수 있고, 골프에서도 프로 선수와 캐디 간에, 예상한 결과에 대한 대한 격려 제스처로 많이 볼 수 있습니다. 예전에는 low five를 많이 썼는데, 지금은 fist pump greeting 이 지배적 입니다.

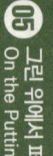

좋은 버디 시도였습니다.	That's a good birdie attempt
세상에! 버디 퍼트가 홀을 스치고 나왔습니다.	Oh my God! You lipped out a birdie putt

㈜ lip "입술" "홀의 테두리 = rim", lip out "퍼팅 한 공이 홀 가장자리를 스치고 들어가지 않고 튕겨 나가다"

PGA 에서도 가장 권위 있는 대회로 알려진 Masters 대회(1934년부터 시작) 에서 wire-to-wire (1라운드부터 4라운드까지 선두) 우승을 한 선수는 지금까지 모두 5명분 입니다. 1.Craig Wood(1941년), 2.Arnold Palmer(1960년), 3.Jack Nicklaus (1972년), 4.Raymond Floyd(1976년), 5. Jordan Spieth(2015년)

선수약력 : 아놀드 파머(Arnold Palmer)

1929년 9월10일생, 2016년 9월25일 타계, 메이저 7승(Master: 4번, The Open: 2번, US Open: 1번)을 포함해, PGA 62승. 1974년에 명예의 전당에 가입. 1950년 대 미국 TV 시대를 맞아 미국 스포츠 사상 가장 존경 받고 사랑을 받았던 선수 가운데 한 명인 Super Star

선수약력 : 잭 니클라우스(Jack Nicklaus)

1940년생. 메이저 대회 18승(Masters: 6 번, PGA Championship: 5 번, US Open: 4번, The Open: 3번)을 포함, PGA 73승의 역대 가장 위대한 골퍼(The greatest golfer of all times)로, 1974년에 명예의 전당에 가입되었고, 특히 46세의 나이에 메이저 대회인 Masters 에서 18 번 째 우승을 하여, 최고령 기록을 달성하였고, 그가 쓴 골프 교본은 세계에서 가장 많이 팔린 교본중의 하나라고 하며, 필자도 1983년도에 그가 쓴 영어로 된 골프 교본을 구입하여 열심히 공부한 적이 있음.

선수약력 : 레이먼드 플로이드(Raymond Floyd)

1942년생. PGA 22승 포함(그 중 메이저 우승 4번: PGA Championship: 2, Masters: 1, US Open: 1) 프로 통산 66승을 하였고, Chip shot 의 달인이며1989년에 명예의 전당에 가입.

(주) Raymond Floyd 선수가 예전에 PGA 홍보에 나와 TV 에서 "골프장에서 골프를 즐기는 것도 좋지만, 가끔은 골프장의 나무와 꽃들과 하늘의 새를 바라보세요(**Look at the birds in the sky!**)"라는 문구가 필자는 참으로 인상적이라 느껴져서, 골프장에 가서 골프가 잘 안 되는 날에는 특히 생각이 나는 구절 입니다.

선수약력 : 조던 스피스(Jordan Spieth)

1993년생. 2015년 한 해에 5승(그 중 메이저 우승 2 번: **Masters**: 1, **US Open**:1)을 올려 **PGA** 선수상, 상금 왕, 최저타수(**Vardon trophy**)등 각종 상을 석권하였고, 최근에 2017년 2월 PGA 모 대회에서 우승을 함으로써, 24세 이전에 PGA 9승을 기록한 2번 째 선수가 되었음. (1 번 째는 타이거 우즈)

Golf Rules Quiz
골프 규칙에 대한 퀴즈

03. 네/아니오
잃어버린 공을 5분에서 8분 까지 허용시간 내에 찾을 수 없다.
You are not allowed to look for your ball between 5 to 8 minutes

Jokes about golf
골프에 관한 농담

모자를 왜 쓰는지 아십니까? 자신을 갖고 **C**, 공격적으로 하면서 **A**, 인내심 **P**를 가지라는 겁니다. 그게 내가 지난 25년 동안 골프 치면서 배운 교훈입니다. 그래서 골프 칠 때는 항상 내 자신에게 그 것을 말합니다.
Do you know why we wear CAP? Be Confident for C, Be Aggressive for A and be Patient for P (CAP). That is what I learned from golf experience over the past 25 years. So, I keep talking to myself when I play golf game.

06

경기를 마친 후 대화
Conversation after a round of golf

6.1 점수에 대한 대화
6.2 잘 친 경기
6.3 잘못 친 경기
6.4 일반적인 대화

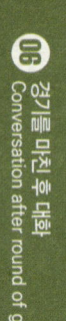

06 경기를 마친 후 대화
Conversation after round of golf

6-1. 점수에 대한 대화

골프 잘 쳤습니까?	How did you play? =How did you stroke?
오늘 게임은 어땠습니까?	How was the game today?
몇 타 쳤습니까?	What did you shoot for the round? = What did you shoot? = What is your gross stroke? = How did you score?

㈜ 친선이나 업무상 골프를 칠 때는 몇 타 쳤냐고 묻는 것 보다 **Did you enjoy the game?** "경기를 즐기셨나요?" 로 물어보는 것이 좋습니다.

꼭히 암기 하시기 바랍니다.

오늘 골프 정말즐겁게 잘 쳤습니다.	I really enjoyed the game today
전반에 47타 후반에 43타 쳤습니다.	47 on the front nine, and 43 on the back nine
점수가 어떻게 됩니까?	What is your score?
제일 잘 친 타수는 얼마 입니까?	What's your best golf score in your life? = What is the lowest stroke you have?
최고로 잘 친 타수는 76타 입니다.	My best score in my life is 76

	(주) 필자는 2004년 1월24일에 자카르타 근교 Gading Raya골프장 청 티에서 76타를 친 적이 있습니다. (사진 참조)
몇 타를 보통 치십니까?	What do you usually hit in a round?
홀 컵 스치고 지나간 게 오늘 5개입니다. 그리 잘못 친 건 아닙니다.	I had five lip-outs today. I didn't really play bad

(주) lip -out 공을 쳐서 컵 변두리를 맞힘.

(예) It lipped out 홀을 핥고 나왔습니다

홀인원은 지금까지 몇 번 해봤습니까?	How many hole-in-ones have you had so far?
홀인원은 2008년 1월 9일에 딱 한 번 해봤습니다. 그것은 일생에 단 한 번 있었던 경험 이었습니다.	I had only one hole-in-one on January 9, 2008. That was just an once-in-a-lifetime experience
	(주1) once-in-a-lifetime-experience "일생에 단 한 번 있는 경험" (주2) 필자는 골프 경력 30여년 중에 딱 한 번, KORINDO 그룹 임원 골프 대회 108번 째 대회에서 생애 첫 홀인원을 기록하였고, 108번 대회 기간 중 홀인원은 제가 처음 이었습니다. (사진 참조). 홀(컵)의 지름은 108mm 이기도 합니다.

6-2. 잘 친 경기

공도 잘 맞고 마음도 편안했는데, 퍼팅을 너무 많이 놓쳤습니다.	I played good today, I felt comfortable, but I missed too many putts
나는 많은 샷 들을 잘 쳤고 실수가 없었습니다.	I hit a lot of good shots and I never found myself in trouble
나는 오늘 공이 잘 맞았습니다.	I hit the ball very well today
스윙 감이 좋습니다. 요즈음에	I feel good about my golf swing these days
스윙 리듬을 찾았습니다. 후반에	I got into rhythm in the 2nd nine
㈜ **to get into something** "무엇에 익숙해지다"	
퍼팅이 잘돼서 게임이 더 잘 됐습니다.	I've been putting better, so I've been playing better
아마도 일년 중 오늘이 제일 퍼팅이 잘 된 날인 것 같습니다.	I probably had my best putting day of the year
㈜ 오늘 친 공중 제일 잘 친 공이었습니다. (오잘공) **That was the best shot of the day**	
오늘 게임 중 제일 잘 친 샷은 무엇입니까?	What is your best shot of today's game?
오늘은 완전히 내 날 이었습니다. 모두들 그것을 얘기하고 있습니다.	It was my day and everybody is talking about it
오늘은 출발이 좋았습니다.	I started out really well today
오늘은 페어웨이와 그린 적중률이 좋았고 아주 잘 쳤습니다.	I hit a lot of fairways, hit a lot of greens. I had a good day

6-3. 잘못 친 경기

공을 오늘 사방으로 쳤습니다. (엉망이었습니다)	I was hitting the ball every where today
기대한 만큼 나는 잘 치지 못했습니다.	I haven't played to my expectation
나는 다 짧게 쳐서 거의 모든 그린에 올리지 못했습니다.	I was short on almost every green
숲과 물에서 오늘 여러 개의 공을 잃어버렸습니다.	I have lost several balls in the woods and water hazards
스윙 실수가 두 번 있었습니다.	I made two bad swings
오늘 게임 중 제일 잘못 친 샷은 무엇입니까?	What is the worst part of today's game?
십번홀에서 끔찍한 샷 실수가 있었고 이로 인해 트리플 보기를 했습니다.	I hit terrible shot at the 10th and I got triple bogey
백(100)타를 못 깼습니다. 내일은 같은 일이 발생하지 않도록 잘 칠 겁니다.	I didn't break the 100. I am not going to make that happen again tomorrow

(주) **to make it happen** "해 내다(숙어)" 이며 make that happen "그러한 일이 발생하도록 하다" 로서 make는 사역동사로 let 으로 바꾸어 쓸 수 있고 사역동사 뒤에는 to 부 동사 아닌 원형 부정사를 씁니다.

필히 암기하시기 바랍니다.

오늘 경기는 들쭉날쭉 했습니다.	My game today was a kind of roller coaster = I had up-and-down game today = I had a mixed day

(주) **roller coaster**: 놀이공원의 "악" 소리 나오게 만드는 청룡열차, **up-and-down** "기복이 많은, 오르내리는"

오늘 따라 이상하게 안 맞았습니다. (평상시는 잘 했는데)	Today was not my day

(주1) **I was not myself today**
오늘따라 이상하게 안 맞았어 (=오늘은 컨디션이 안 좋았어)
(주2) 10장 "골프가 안 되는 핑계들"에도 나오는 예문 입니다.

필히 암기하시기 바랍니다.

오늘 힘든 하루 이었습니다.	It has been a tough day!

필히 암기 하시기 바랍니다.

오늘은 긴 하루 이었습니다.	It has been a long day

(주) It's been a tough and long day to me
힘들고도 긴 하루 이었습니다.
(= 아주 게임이 안 풀려 엉망 이었습니다)

필히 암기 하시기 바랍니다.

오늘은 좀 헤맸습니다. (잘 치지 못했습니다)	Today was a bit of struggle
이렇게 나쁜 점수는 내 생애에 처음 입니다.	It is the worst golf score that I have ever seen in my life
일 번 홀에서 트리플 보기를 범해 내게는 큰 부담이었습니다	I've got triple bogey at the first hole, so that was big burden to me
정신적으로 고전했습니다.	I've been struggling with the mental part

(주) struggling "고전하는", 골프 게임에서 자주 쓰입니다.

필히 암기 하시기 바랍니다.

잘 할 때도 있고 못 할 때도 있습니다 오늘은 못 한 것이니 난 인정 할 수 밖에 없습니다.	I have my own ups and downs. I guess this is my down time and I must accept it

6-4. 일반적인 대화

골프는 내가 좋아하는 운동입니다.	Golf is my favorite sport
스포츠에 관한 한 골프와 비교할 수 있는 건 없습니다. (골프가 당연 최고다)	When it comes to sports, nothing compares to a golf game

필히 암기 하시기 바랍니다.

얼마나 자주 골프를 치십니까?	How often do you play golf?
그렇게 자주 골프 치지 않습니다.	I don't play golf that often
한 달에 몇 번 골프를 치십니까?	How many times a month do you play golf?

평균적으로, 나는 한 달에 5번 골프를 칩니다.	On average, I play golf 5 times a month
(주) on average "평균적으로"	
얼마나 오랜 동안 골프를 치셨습니까?	How long have you been playing golf?
나는 부담감이 생기면 왼 쪽으로 공을 때리는 경향이 있습니다.	When pressure is on me, I have tendency to hit left
(주) hook 성의 볼을 쳐서 왼쪽으로 친다는 뜻 입니다	
내일도 계속 잘 치기 바랍니다.	Keep it up tomorrow!
(주) Keep up the good work! 계속 일 열심히 해주기 바래.	
독학을 했기 때문에 나는 매우 독특한 스윙을 갖고 있습니다.	I have very peculiar swing because I learned by myself
(주) peculiar = unusual = unique "독특한, 특유한", to learn by oneself "독학하다"	
싱글 핸디캡 골퍼가 되어야 내 목표가 성취 되는 것입니다. (직역: 싱글 핸디캡 골퍼가 되지 않으면 난 성취 된 것이 아닙니다)	I won't be fulfilled unless I am single handicap golfer
(주1) to fulfill "완수하다, 달성하다", unless = If not "무엇 하지 않는 다면"	
(예) Unless I am wrong (=If I am not wrong), he is super-rich 내가 틀리지 않으면 그는 엄청난 부자야.	

필히 암기 하시기 바랍니다.

(주2) 필자는 1997년 2월8일에 처음으로 80타를 쳐서 첫 싱글을 기록했습니다. (사진 참조)

| 조만간 골프 한 번 같이 칩시다. | Let's get out on the golf course soon = Let's have golf outing soon |

㈜ outing "산책, 행락"

㈜ Let's have lunch sometime next week
다음 주 언제 우리 점심 같이 해

토막상식

PGA골프 18홀 58타를 기록한 선수: Jim Furyk ㈜ 8자 스윙으로 유명한 Jim Furyk 선수는 2016년 8월7일에 한 라운드 최저타수인 58타를 기록 하였습니다. Jim Furyk은 2013년에도 59타를 친 적이 있습니다. 공식적으로 59타를 기록한 선수들은 PGA 에서 9명, Al Geiberger(1977), Chip Beck(1991), David Duval(1999), Paul Goydos(2010), Stuart Appleby(2010) Jim Furyk (2013), Justin Thomas(2017년1월), Adam Hadwn(2017년 1월) 그리고 LPGA 에서는 Anika Sorenstam (2001) 선수가 유일 합니다.

참고로, LPGA 역사상 9 홀 기록은, 27타로 모두 5명이 기록 하였는데, 그 중에 4명이 한국 선수 입니다 1. 이미향 (2016) 2. Amy Yang(양희영, 2015) 3. Paula Creamer(2008) 4. 김인경 (2007) 5. 강지민(2005)

LPGA 역사상 18홀 1라운드 연속 최다 버디는 9연속 버디인데, 2명 입니다. 여기에도 양희영 선수가 포함 되는데 모 대회, 마지막 라운드에 기록해서 더욱 돋보입니다.

1.Beth Daniel(1999 모 대회, 2nd round), 2 Amy Yang(양희영, 2015)

메이저 4개 대회 중에서도 가장 인정받는 Masters 대회 기록을 보면, 전반 9개 홀 기록은 30타 입니다. 모두 5명이 기록 했는데, 그 중에 1명이 최경주 선수 입니다.

Lowest Score, Front 9
30 – Johnny Miller, third round, 1975
30 – Greg Norman, fourth round, 1988
30 – K.J. Choi(최경주), second round, 2004
30 – Phil Mickelson, fourth round, 2009
30 – Gary Woodland, third round, 2014

선수약력 : 짐 퓨릭(Jim Furyk)

1970년 생. **PGA** 17승(그 중 메이저 대회 우승: **US Open** 1번) 포함 프로 통산 27승. 독특한 팔(8) 자 스윙으로 유명하지만, 특히 1999년 부터 2015년 까지 430주 동안 세계 랭킹 10위 이내에 들었고, 2016년에 **PGA** 기록인 대망의 58타를 기록한 첫 번째 선수 임.

선수약력 : 아니카 소렌스탐(Annika Soenstam)

1970년생. 스웨덴 출신. LPGA 72승(그 중 메이저 대회 10승) 포함, 프로 통산 93승. 올해의 선수 상 8번, 최저 타수상(**Vare Trophy**) 6번, 2001년에 **LPGA**의 대망이 기록한 59타를 기록. 2003년에 명예의 전당 가입 되었고 같은 해, **LPGA** 선수로는 1945년 이후 처음으로 **PGA** 대회에도 출전한 바 있고, 2008년 5월에 프로 은퇴.

Golf Rules Quiz
골프 규칙에 대한 퀴즈

03. 네/아니오
스트로크 경기에서는 1 퍼트 이내의 거리는 홀 아웃을 하지 않아도 된다. **In Stroke Play, a putt can be conceded, i.e. the player doesn't have to hole out**

Jokes about golf
골프에 관한 농담

골프를 왜 치십니까? /스트레스에서 벗어나기 위해서 골프를 칩니다 / 그럼 언제 스트레스를 받습니까? / 골프를 못 칠 때 입니다 **Why do you play golf? / I play golf because I want to get away from stress / Then when do you get stressed? / I get stressed when I have a bad golf round**

07

골프 후 식사
Wine & Dine

7.1 식사와 술 주문
7.2 건배 사
7.3 식사도중 대화
7.4 식사 후 2차 노래방
7.5 계산서 지불
7.6 작별과 감사의 인사

07 골프 후 식사
Wine & Dine

(주1) 7장은 바이어 접대를 기본으로 구성하였지만, 독자 분들이 바이어로서 해외에서 접대 받거나 해외에서 친구들과 지인들과 골프 후, 같이 식사할 경우도 포함하여 작성하였습니다.

(주2) 지난 밤 주요 바이어와 식사하고 술을 마시며 접대했습니다 I wined and dined important buyer last night (주) to wine and dine "누구를 저녁과 와인으로 잘 접대하다(= to entertain)"

(주3) 필자는 지난 35년간, 업무상 6개 대륙 70여개 국 나라 사람들과 접촉할 기회가 있었습니다. 나라마다, 종교에 따라 풍습이 조금씩 달랐습니다. 그들의 취향에 맞추는 것이 중요하다고 생각합니다. 지나친 환대는(hospitality) 손님을 당황하게 만들 수 있고, 심한 경우 역효과가 날 수도 있으므로 신중해야 합니다.

7-1. 식사와 술 주문

당신을 저녁 식사에 초대하고 싶습니다.	I'd like to invite you to dinner tonight
오늘밤 저녁 같이 하실 수 있습니까? / 그러시죠 / 어디로 가고 싶으십니까?	Can we have dinner tonight? / Sure! / Where would you like to go?

(주1) 거절할 경우 답변: **I've got to go home. Anyway, thanks, rain-check** (집에 가야 합니다. 어쨌든 고맙습니다. 다음에 하시죠)

(주2) rain-check: 후일의 약속, 초대 등의 연기, 우천 입장 보상(야구. 골프 경기 등)

(주3) rain-check(다음에 해!) 대신 some other time 을 사용해도 됩니다.

좋아하는 음식은 무엇입니까? / 난 뭐든 다 잘 먹습니다.	What is your favorite food? / I eat anything

(주1) 1991년 즈음에 필자의 지인인 홍콩 사람이 한국에 왔을 때 I eat everything that moves(움직이는 건 다 먹어) 라고 표현했던 것이 기억이 납니다.

(주2) 홍콩에 출장 가서 그 지인이 필자에게 물어보지 않고, 비둘기 수프를 주문해 주었을 때는 곤욕이었습니다.

어떤 식당에 예약하는 게 좋겠습니까? / 난 상관 없습니다. 당신이 알아서 하십시오	What kind of restaurant do you think I should book?. I'm easy. It's up to you

(주) **I am easy** 너의 결정에 따르겠다; 나는 어느 쪽이라도 상관없다

필히 암기 하시기 바랍니다.

내가 제안하는 것은 한국 식당에서 저녁을 하는 것 입니다.	I suggest we have dinner at a Korean restaurant = What I am suggesting is we have dinner at a Korean restaurant

(주) 엄밀히 따지면 **to have dinner** "저녁을 먹다 = eat dinner" 이고", to have a dinner " 공식적 행사(formal event)에서 만찬을 하다" 입니다.

이 곳이 내가 좋아하는 곳 입니다.	This is my favorite place
이 식당이 내가 좋아하는 타입 입니다. (내 취향에 맞는 곳 입니다)	This is my kind of restaurant = This is my type of restaurant

(주1) **a kind of = a type of = a sort of** "일종의, 그런 종류의"

(주2) 필자가 2005년 즈음에, 지인과 함께 호주 도시 Perth 에 있는 경치 좋고 페어웨이 관리 상태가 아주 좋은 골프장에서 골프를 친 후에, Perth 시내 한국 식당에 갔습니다. 그 식당에서 식사하려고 대로 변에서 호주 사람들이 수십 명이 기다리고 있었습니다.

이 곳은 최고급 식당입니다.	This is a top-notch restaurant

(주) **notch** "급수, 단계", **top-notch** "최고급의"

(예) **He is a notch above other players** 그는 다른 선수 보다 한 수(단계) 위야 **She is a top notch lawyer / Leave the case to her!** 그녀는 최고의 변호사야 / 그녀에게 그 사건을 맡겨!

필히 암기 하시기 바랍니다.

이유는 모르겠지만 이 곳이 벌써 마음에 듭니다.	I don't know the why, but I already love this place

친구가 이 식당을 강력 추천했습니다.	My friend highly recommended this restaurant
㈜ highly recommend도 회화체에 쓰입니다	
무엇을 주문하시겠습니까?	What will you have? =What would you like to order?
㈜ 손님에게 주문을 결정하게 하는 것도 좋지만, 식당 주인이나, 주방장, 식당 종업원에게 물어 보는 것도 괜찮습니다. 이럴 경우 사용하는 표현들은 아래 여섯(6)개 문장 입니다	
오늘의 특별 메뉴는 무엇이 있습니까?	What is your SPECIAL today?
㈜ SPECIAL 은 강조해서 발음 합니다	
아주 바쁜 사람에게 추천할 음식이 무엇이 있습니까?	What would you recommend for someone who is in a big hurry?
㈜ in a hurry "바쁜", in a big hurry "아주 바쁜"	
맛있는 것 좀 추천해 주시겠습니까?	Can you recommend anything delicious?
전복을 주문하고 싶은데 어떤 요리가 좋을지 추천 좀 해 주시겠습니까?	I would like to order some abalone. What is your recommendation? (=How do you recommend it?)
㈜ abalone "전복"	
스테이크 요리에 맞는 포도주를 추천해 주시겠습니까?	Could you recommend a wine to accompany my steak?
㈜1) 스테이크 종류: tenderloin 안심, sirloin 등심, T-bone steak 소의 허리 부분의 뼈가 붙은 T자형 스테이크, veal 송아지 고기 ㈜2) 삼겹살 Belly pork	
양고기를 먹으려고 하는데 그것에 어울리는 포도주를 추천해 주시겠습니까?	I will have lamb chop. Can you recommend a wine to go with it?
㈜ chop 두껍게 베어 낸 고깃점(흔히 뼈가 붙은), to go with something "무엇과 어울리다, 조화되다 = to match"	

(예)	(예1) **Which sauce should I go with?** 어떤 양념을 찍어먹어야 하니? (고기 집에 갔을 때, 어떤 양념을 찍어 먹어야 할 지 모를 때) (예2) **Red wine goes with beef and white goes with fish** 적포도주는 쇠고기와 어울리고, 백포도주는 생선과 어울려

식사의 제일 코스로 무엇을 드시겠습니까? /샐러드로 시작하겠습니다.	What would you like to have your starter? / I will start with salad

㈜ starter: 정찬의 제1코스

연어 샐러드로 먼저 주문하겠습니다. (main 식사 전에 starter로)	Let me kick off with salmon salad = I will start off with salmon salad

㈜ to kick off "시작하다, 출발하다 = to start off", salmon(연어) 발음은 쎄먼[sǽmən] 쌜몬이 아닙니다.

식사 전에 무엇을 마시겠습니까?	What would you like to drink before main meal (= main dish)?

㈜ 필자는 2006년 즈음에 프랑스 파리에 갔을 때 상류사회 계층인 프랑스인 지인으로부터 두 번 저녁 초대를 받았습니다. 한 번은 프랑스 에펠 탑 내 95미터에 위치했던 고급 레스토랑(Restaurant Altitude 95 Tour Eiffel: 지금은 명칭이 58 Tour Eiffel로 바뀌었다고 합니다)에서, 두 번 째는 파리 시내에 있는 그 보다 훨씬 더 비싸고 고급스러운 식당에서 저녁을 했습니다. 그런데 그 프랑스 지인은 주식(main meal 또는 main dish)를 위해 포도주를 주문했음에도 불구하고 포도주 마시기 전에 두(2) 번 모두 맥주를 두(2) 잔이나 마셨습니다. 필자가 와인 마시기 전에 맥주를 마셔도 되냐고 물어 보았습니다. 대답은 전혀 틀린 매너도 아니고, 와인은 가격이나 생산 연도에 상관없이 자기 입 맛에 맞는 것을 마시는 것이 최선의 선택이라는 말을 하였던 것이 기억납니다.

맥주 두 잔 주십시오.	Two beers, please

(주) 우리는 학교에서 또는 교재를 통하여 a cup of coffee, two bottles of beer 라고 배웠으나 굳이 그렇게 말 할 필요가 없고, 그냥 Brand를 붙여 **Two Buds(Budweiser), Two Millers** 라고 주문하면 훨씬 간편합니다.

같은 걸로 2잔(2인 분) 주십시오.	Make it two please! = Make that two please!
나도 같은 것으로 하겠습니다. (음식 주문 등에서)	Same here = Same to me = I will have the same one for me
나는 그 사람이 마시는 것으로 주문하겠습니다.	I will have what he is drinking
맥주 한잔쯤은 괜찮습니다.(당신이 신경 안 써도 됩니다. 마실 수 있으니까)	You should not mind a glass of beer

(주) **to mind** "걱정하다, 신경 쓰다"

(예) **Mind your own business!** 참견 마, 네 일이나 잘 해! **Mind your step** 발 조심해! **Never mind!** 신경 쓰지마! **I don't mind!** 난 신경 안 써!

필히 암기 하시기 바랍니다.

무엇을 드시겠습니까? / 난 음식에 까다롭지가 않습니다.	What would you like to eat? / I am not complicated about food
당신이 좋아하는 한국 음식은 무엇 입니까?	What is your favorite Korean food?
나는 약간 덜 구운 안심 스테이크로 하겠습니다.	I'd like to order medium rare tenderloin

(주) ❶ rare "덜 구운" ❷ medium rare "약간 덜 구운, 즉 medium 과 rare 중간" ❸ medium "반 정도 구운", ❹ medium well-done "medium 과 well-done 사이" ❺ well-done "잘 구워진" 모두 다섯 (5) 단계가 있습니다.

당신을 위해서 와인을 좀 가지고 왔습니다.	I brought some wine for you

(주1) 손님이 가져온 술병에 대한 호텔/식당/술집의 코르크 마개 뽑아 주는 서비스 요금 **corkage = corkage fee** (하지만, corkage charge 나 bottle charge 는 틀린 표현 입니다)

(주2) **BYOB** (Bring Your Own Bottle의 약어, 집에서 하는 파티나 간단한 파티에서 "마실 술은 직접 가지고 오세요"라는 표현 입니다.

(주) 접미사 – age 는 집합, 상태, 행위, 수에 쓰임

(예) vintage, yardage, mileage, tonnage, baggage, bondage, postage

7-2. 건배사

| 건배하십시다. (건배를 제안합니다) | I would like to make a toast = Let me propose a toast = I will drink a toast = Let me toast |

(주1) toast "❶ 건배(명사), ❷ 무엇을 위해 건배하다(동사)"
(주2) I will drink to that ❶ 그것을 위해 나도 건배 ❷ 네 말에 동감 이야 의 뜻도 있습니다.

필히 암기 하시기 바랍니다.

| 무엇을 위해 건배 하시겠습니까? | What do we toast to? |
| 당신의 건강을 위하여 건배! | To your health! = To good health! |

(주) 불어로 건배는 A votre santé! (아 보트르 쌍떼) 이에 대한 답변(To your health)은 A la votre! (아 라 보트르)

필히 암기 하시기 바랍니다.

| 위하여! (축배!) | Cheers! = Bravo! |
| 우리 우정을 위해서 건배합시다. | Let's toast to our friendship |

(주) We all of us drink to that = Let's drink to that
우리 모두 그것을 위해 건배

| 우리 승리를 위해 축배 합시다. | Let's drink a toast to the victory |

(주) to drink a toast to someone/something
"누구를 위해 축배하다, 무엇을 위해 축배하다"

(예)	Let's drink a toast to newlywed couple 신혼부부를 위해 축배 합시다.

필히 암기 하시기 바랍니다.

㈜ newlywed couple = newlyweds = newly married couple "신혼부부"	
우리의 승리를 위하여!	To our victory! = To our triumph!
우리의 건강을 위하여!	To our health!
우리의 사업 성공을 위하여!	To our business success!
우리의 새로운 동반자 관계를 위하여!	To our new partnership!
다음 단계(작전)을 위하여!	To the next step!
일을 제대로 한 사람을 위하여(건배)	To the right person for the right job
원 샷(단 숨에 마셔)!	Bottoms up! = Drink it all! = Drink it up! = Drink all the way down! = Down in one! = Drink it down in one gulp! = Drink up and gulp it down!
㈜1) "단숨에 다 마셔"라고 할 때 심지어 TV광고에도 "One Shot!"이라고 하는데 콩글리쉬로서 틀린 표현 입니다. 맞는 표현들 중에서 제일 자주 쓰이는 것은 **bottoms up!** 은 필히 암기 바랍니다(bottoms 복수이고 bottom이 아닙니다) ㈜2) 그러면 "One shot"은 완전히 틀린 표현인가? "shot"은 골프의 shot도 있지만 whiskey나 vodka처럼 독한 술의 소량 또는 한 잔을 (small amount of strong alcoholic drink) 뜻합니다. (예) I got nicely drunk. I will have another shot of whiskey (난 적당히 기분 좋게 취했어. 위스키 한 잔 더 할래) ㈜3) **Live it up Drink it down!** 신나게 살자(인생 까짓 거 무엇 있어) 단숨에 마셔! (암기해 두시면 좋습니다)	
서울에 온 것을 환영합니다!	Welcome to Seoul!
㈜ **Welcome back to Korea!** 한국에 다시 온 것을 환영합니다!	
잔은 필요 없습니다. 병째로 마시겠습니다. (맥주의 경우)	I don't need a glass. I will drink from the bottle
㈜ 맥주를 잔에 따라 마시지 않고, 꼭 병째로 마시는 분들도 의외로 많습니다.	

잔을 들고 그들을 환영합시다. 건배!	Let's raise our glasses and welcome them. Cheers!
잔을 부딪칩시다.	Let's clink glasses!

(주)to clink glasses "건배에서 잔을 맞부딪치다"

시작합니다. 한번에 쭉 마시고 잔을 테이블에 내려 놓는 겁니다.	Here we go! Bottoms up and knock the glass down on the table!

(주1) 폭탄주(위스키와 맥주를 섞은 술) boilermaker = bomb shot(필히 암기 바랍니다), 하이볼(보통 위스키에 소다수 따위를 섞은 음료(미국 영어) Highball = whisky and soda

(주2) 또한 영화에서 보면 여러 개의 술잔을 놓고 술을 누가 먼저 마시나 내기하는 장면이 자주 나오는데 이럴 경우 "Knock it down"의 표현을 써서 필히 다 마시고 탁자 위에 소리를 내며 내려 놓다 의 뜻입니다.

Golf Rules Quiz
골프 규칙에 대한 퀴즈

04. 네/아니오

골프는 세계적인 경기이며 따라서 골프 룰은 대륙마다 다르다.
Golf is played all over the world. Therefore, golf rules are different from one continent to another

Jokes about golf
골프에 관한 농담

어느 날은 매우 잘 치고, 그 다음 날은 매우 못 치는 것. 그게 골프 입니다.
So good one day, so bad the next day. That is the golf

7-3. 식사도중 대화

맛있게 드십시오!	Enjoy the meal!

(주1) 불어로 Bon appetit! "본 아페티뜨" "맛있게 드십시오"(미국 드라마나 영화에 식사 장면에 자주 등장하는 불어 입니다)
(주2) 초대장에 꼭 들어가는 RSVP는 불어로 Repondez sil vous plait "레퐁데 실 부 플레" (Respond please 회신 바랍니다)
(주3) RSVP 대신 영어로 Regrets Only (사정 상 참석이 불가능한 경우만 연락 주십시오)를 쓰기도 합니다.

필히 암기 하시기 바랍니다.

한국음식을 맛있게 드시기 바랍니다.	I hope you enjoy Korean foods
음식 맛이 어떻습니까?	How is the taste? = How does it taste?

(주) **Are you enjoying the food?**
음식이 입맛에 맞습니까? 를 써도 됩니다

음식이 매우 맛이 있습니다.	This is very nice (= good = tasty = wonderful)!

(주) **This is very delicious!** 를 써도 됩니다

맛이 매우 좋습니다.	It tastes good = It tastes delicious = This is pretty good = The food is very nice
보기보단 훨씬 맛있습니다.	This is more delicious than it looks

(주) **There's more than meets the eye**
보기완 많이 달라(뭔가 더 있어)

필히 암기 하시기 바랍니다.

바로 이 맛입니다.	This is it!

(주1) **This is it!** 기대했던 것이 그대로 일어날 때 쓰는 표현(회화체)
(주2) **That's it! Period!** 더 이상은 안돼. 마침표를 이미 찍었어(상황 종료야)

맛보기에 불과합니다. 진짜 음식은 기다려 보십시오!	This is just a taste. Just wait for the main course (=main dish)!

(주) **taste** 시식, 맛보기, 시음

주 음식의 고기는 더 할 나위 없이 좋습니다.	The meat of main dish really hits the spot

(주1) **to hit the spot**
"더 할 나위 없이 좋다. 만족시켜 주다, 원하는 즐거움을 주다"
(주2) **to hit the sweet spot** "골프채나 테니스 채에서 가장 빠른 속도를 낼 수 있는 이상적인 지점을 가격하다" (두 개 모두 필히 암기 바랍니다)

필히 암기 하시기 바랍니다.

엄마가 만들어 주시던 음식 같습니다.(맛있습니다)	This food is just like mom used to make
엄마가 음식을 만들어 주었던 그 시절이 그립습니다.	I miss the good old days, when mom cooked my meals
비위가 좋으면 이 음식 한번 먹어 보십시오.	Please try this food if you have a strong stomach

(주) **I have a bit of weak stomach** 난 비위가 좀 약해

음식 이름이 무엇입니까?	What's the name of this food? = What do you call this food? = What's it called?

(주) **How do you call this food?** 라고 쓰지 않습니다.

이것은 김치 라고 합니다.	We call it "KIMCHI"
김치는 한국의 대표적인 반찬입니다.	Kimchi is Korea's national side dish
한국인에 있어 김치는 필수 불가결의 음식이며 문화의 일부 입니다.	For Koreans, Kimchi is serious stuff, part of Korean culture.

(주) **There is old saying that "A man can live without a wife but not without Kimchi** 오래된 속담이 있는데"아내 없이는 살 수 있어도 김치 없이는 못 산다"가 있습니다

한국 사람들은 김치 없이는 못 삽니다. 우리 한국인들은 김치와 함께 태어나서 김치를 평생 먹고 세상을 떠납니다.	Koreans cannot live without Kimchi. We Koreans are born with Kimchi and dead with Kimchi
(주1) 지금은 아주 많은 외국인들이 김치를 좋아합니다. 그 동안 수 많은 외국인들과 식사하면서 가장 많은 질문이 김치에 관한 겁니다. 김치를 영어로 가장 이해하기 쉽게 영어로 설명하면 Kimchi is made of fermented vegetables like Yogurt. 또는 Kimchi is pickled white cabbage mixed with a variety of sauce. Kimchi has been used since 7th century "김치는 요우거트 처럼 발효된 채소들로 만듭니다. 또는 김치는 소금물에 절인 배추와 다양한 양념으로 혼합된 것입니다. 김치는 7세기부터 애용되어 왔습니다 (암기해 두시면 좋습니다) (주2) be made of something "무엇으로 구성되다. 무엇을 가지고 만들어진다", fermented "발효된" yogurt 정확한 발음은 "요우거트", pickled "소금물에 절인" cabbage "양배추", white cabbage "배추. 사전에 보면 배추는 Chinese cabbage 로 나와 있는데, 음력 설날도 예전에는 Chinese new Year 로 했지만, 요즈음은 Lunar New Year 로 사용하는 추세 입니다"	
김치는 맵고 양념 맛이 강합니다.	Kimchi is very hot and spicy
(주) hot "매운, 입안이 얼얼한" spicy "양념 맛이 강한"	
김치가 매우면 시원한 동치미를 한 번 드셔보십시오.	If Kimchi is hot, I recommend you to try radish water Kimchi, which is really refreshing
(주) radish "무", radish water Kimchi "동치미"	
이것은 삼계탕 입니다. 당신이 정말 좋아하실 겁니다.	This is Ginseng chicken soup. You will love it
(주) 필자의 경험으로 볼 때 외국인이 가장 선호하는 것은 삼계탕과 잡채 입니다. 삼계탕에 들어가는 대추는 영어로 "jujube"입니다. 잡채에 들어가는 당면은 영어로 "glass noodle"입니다	
이건 서비스 음식 입니다.	It's free=It's on the house
(주) on the house "식당이나 술집에서 음식이나 술이 무료로 주는"	

좀 더 드시겠습니까?	Do you want to have some more?
많이 먹었습니다.	I had more than enough
(주) I have had enough of everything 이것저것 잔뜩 먹었어	
나는 너무 많이 먹어서 배가 부릅니다.	I ate too much. I am full
(주1) Don't take too much! = Don't eat too much! 과식하지 마 (주2) I overate 과식했어	
(주) 한국 음식에는 국, 찌게 및 밑 반찬들이 많기 때문에 젓가락 사용이 익숙하지 않은 외국인들은 음식을 흘리는 경우가 종종 있습니다. 이럴 때 쓰는 표현들은	
(예) You've got something on your face 네 얼굴에 뭐 묻었어 You've got something on your teeth 네 이빨에 뭐가 끼었어 I've got something on my shirt 내 셔츠에 뭐가 묻었어	

틀히 모두 암기 바랍니다.

후식은 무엇입니까?	What's for dessert?
(주) What's for dinner? 저녁은 뭐에요?	
커피는 어떻게 드시겠습니까?	How do you like your coffee?
(주1) Black coffee without coffee mate and sugar "설탕, 크림 안 넣은 블랙 커피", Milk coffee without sugar "설탕 안 넣은 밀크 커피", Coffee with one spoon of sugar and without coffee mate "크림 안 넣고 설탕 한 술 넣은 넣은 커피" (주2) coffee mate=coffee cream	

틀히 모두 암기 바랍니다.

맥주를 더 드시겠습니까?	Do you want some more beer?
그만 받고 싶을 때 말을 하십시오 (술을 따를 때)	Say when! = Say when I should stop!
(주) 술을 따를 때 어느 정도 까지 따라 주어야 할 지 쓰는 표현 입니다.	

틀히 모두 암기 바랍니다.

이 맥주는 거품이 너무 많습니다.	Too much head(=foam) on this beer!

| 기분 전환할 시간입니다. | It's time for a change |

(주) **Let's have time for a change!** 기분 전환 하자!

필히 암기 하시기 바랍니다.

나는 기분이 정말 좋습니다.	I feel so good
오늘 밤 무엇을 하고 싶은지 말해 보십시오. 당신을 위해 뭐든지 내가 다 조치하겠습니다.	Tell me what you would like to do tonight. I can arrange anything for you
맥주 다 마시고 이차 갑시다.	Let's kill these beers and go for a second round of drinks

(주) **to kill beer/wine** "다 마시다 란 뜻 의 미국 영어", 당연히 **Let's finish this bottle** (이병을 다 마시다. 비우자)를 써도 됩니다.
to go for a second round of drinks "2 차로 가서 술을 먹다"

필히 암기 하시기 바랍니다.

| 딱 한 잔만 마십시다. | Let's have a (ei) drink. |

(주1) **a**는 "에이"로 발음하여 딱 한잔만 하자의 강조의 뜻
(주2) **I will buy you a drink** 너에게 한 잔 살게, **Do you have time for a drink? = Do you want a drink?** 한 잔 할래? **I need a drink** 한 잔 해야겠어(기분이 좋거나 또는 안 좋을 때) **Do you want to wine out?** 밖에서 술 한잔 할까? **Let's talk over a drink** 한 잔 마시면서 얘기하자 (**over a drink** "한 잔 하면서", **over dinner** "저녁 식사 하면서")

필히 다섯 문장 모두 암기 하시기 바랍니다.

7-4. 식사 후 2차 노래방

| 이차 갑시다. (한 잔 더합시다) | Let's go another round =Let's go for a second round |

(주) **Let's go for a walk** 산보하러 가자.

| 이차 가서 새롭게 기분 좀 냅시다. | Let's go for a second round and refresh ourselves! |

(주) **to refresh someone's memory = to remind someone** "누구의 기억을 되살리다"

(주) Dear Nicolas, I send again this e-mail to refresh your memory. Please let me have your response 당신의 기억을 되살리기 위해 지난 번 보낸 이 메일을 다시 보내오니 회신 바랍니다. (to refresh your memory 대신 remind you 를 사용해도 되고, This is a reminder e-mail 이라고 표현해도 되지만 to refresh your memory 가 더 정중한 표현 입니다)

세 문장 모두 필히 암기 바랍니다.

이차는 어디로 갑니까?	Where to for a 2nd round? = Where we are going for a 2nd round?
재미있는게 이 근처에 뭐 있습니까?	What do you have fun around here?
서울에서의 밤의 접대를 나 만큼 아는 사람은 없습니다. 나를 그냥 따라오십시오!	Nobody knows night entertainment in Seoul like I do. Just follow me!
딱 좋은 곳을 알고 있습니다.	I know the perfect place
오늘 밤에 깜짝 파티를 할 겁니다.	We are going to have a surprise party tonight
오늘 저녁을 위해 약간 준비한 게 있는데 흥미롭기를 바랍니다.	I have a small surprise for this evening. I hope you find it entertaining
오늘 밤에 노래방에서 한 잔 하고 춤을 출 겁니다.	We are going to have a drink and dance at a singing room tonight
이 곳은 장안에서 제일 물 좋은(화끈한) 클럽입니다.	This is the hottest club in town

(주) Let's go to another place = Let's go somewhere else
다른 데 가보자.

이 곳은 내가 좋아하는 장소입니다. 친구들이랑 밤새 동안 마시지 곳 입니다.	This place is my favorite hangout. I drink all night with my friends

(주) hangout "소굴, 연락 장소, 자주 가는 곳",
all night (long) "밤새 동안"

느긋하게 앉아서 긴장을 풀고 술 마십시다.	Let's sit back, relax and drink

일할 때는 일하고 놀 때는 확실히 노는 겁니다.	Work is work, play is play

(주) **When it's time to play, it's time to PLAY**
놀 때는 노는 거야(또는 화끈하게 놀아보자), 뒤에 오는 PLAY는 강조하기 위하여 강하게 발음합니다.

두문장 틀히 암기바랍니다.

내일은 생각하지 말고 오늘 밤만 생각하십시오!	Don't think about tomorrow, just think about tonight!
오늘 밤은 당신의 밤 입니다.	Tonight is your night
술 한 모금하면 느긋해 질 겁니다.	A sip of alcohol will make you feel relaxed

(주) sip "적은 양의 한 모금"

난 발동이 늦게 걸립니다. (술 마실 때 등)	I am not a fast starter = I am a slow starter

(주) **I am a slow starter** 라는 표현은 술 마실 때나, 골프나 다른 운동에서도 쓰입니다. (난 몸 푸는데 시간이 걸려)

오늘 밤 한껏 마십시다.	Let's drink hard tonight

(주) to drink hard "폭음하다"

오늘 밤 취할 때 까지 마십시다.	Let's drink until we get drunk tonight = Let's drink all we can do tonight = Let's drink till we drop

(주1) to drop "지쳐서 쓰러지다"

(예) **Let's shop until we drop today**
오늘 지쳐서 쓰러질 때까지 쇼핑하자.

(주2) **I drank too much last night so I still have hangover** 어제 밤에 과음해서 아직 숙취가 있어 **Honey water is good for relieving hangovers.** 숙취 해소에 꿀물이 도움이 돼.

두문장 틀히 암기바랍니다.

난 그렇게 취하지 않았습니다.	I am not that drunk

(주) **I am not drunk yet** 난 아직 안 취했어

술 종류를 바꿔서 먹읍시다.	Let's change the music = Let's change the drink

(주) 맥주에서 소주로, 또는 소주에서 위스키로

술을 바꾸어서 먹으면, 난 빨리 취합니다.	If I change the drink, I get drunk easily

(주1) **He passed out last night** 그는 어제 밤에 취해서 의식을 잃어
(주2) **to pass out = to black out** "취해서 의식을 잃다"

(예) **I am not blacking out** 난 필름이 끊긴 게 아니야.

아직 초저녁 입니다.	It's still early evening = The night is still young

두 문장 필히 암기바랍니다.

(주1) **I will have an early night because I am tired**
피곤해서 일찍 잠자리에 들어야겠어.
(주2) **to have an early night** 평상시보다 일찍 자다.
(주3) **The night is reasonably young** 아직 늦지 않은 밤이야.

폭탄주 일차는 내가 만들겠습니다.	I will make the first round of the boilermaker

(주) **round** "술잔이 한번 돌아가는 만큼의 양"

폭탄주를 몇 잔이나 당신은 꿀꺽꿀꺽 마실 수 있습니까?	How many boilermakers can you drink down?

(주) **boilermaker** 맥주와 위스키가 혼합된 폭탄주(미국영어)
to drink down "꿀꺽꿀꺽 마시다"

파티를 시작 합시다.	Lets' get the party started = Let the party begin!

두 문장 필히 암기바랍니다.

무슨 노래 좋아하십니까?	What song do you like? = What is your favorite song?
난 노래 잘 못 부릅니다.	I am a lousy singer = I am not a good singer = I am not good at singing

(주) 우리는 글로벌 시대에 살고 있기 때문에, 유명한 pop song 몇 곡 정도는 부를 수 있는 것이 좋습니다.

병을 돌려서 누가 다음에 노래할지 정합시다.	Let's spin the bottle to decide who is going to sing(a song) next

(주) spin the bottle "병 돌리기 게임(명사), 병을 돌리다(동사)"

누가 제일 먼저 춤을 추시겠습니까?	Who will start dancing first?
내가 먼저 춤을 추겠습니다.	I will dance first
당신은 춤을 잘 추십시다.	You dance very well = You are a good dancer
난 춤추는 것은 절대 싫증이 안 납니다.	I never get tired of dancing

(주1) be/get tired of something=be/get bored with /someone 또는 something "싫증이 나다, 권태를 느끼다"

(예) (예1) Are you bored with your life? 네 삶이 지겹니?

(주2) be sick and tired of someone/something "누구에게 질리다. 무엇에 지긋지긋 하다, 진절머리 난다

(예) (예2) I am sick and tired of your excuses 너의 변명에 진절머리가 나.

세 문장 모두 필히 암기바랍니다.

춤추는 데 나이가 문제가 안됩니다. (직역: 내가 춤을 추기에는 절대로 너무 나이가 많은 게 아닙니다)	I am never too old to dance
당신은 약간 취했습니다.	You are a little drunk = You are a little tipsy = You are some loaded = You are a little bit tight. = You are drunk.

(주) drunk = tipsy = tight = loaded "술에 취한"

너무 많이 마시지 마십시오!	Don't drink too much!

(주) to overdrink "과음하다", to overeat "과식하다", 술 마시고 토할 때 overeat 표현은 잘못 된 것 입니다. 정확한 표현은 I am sick = I feel like throwing up = I feel like vomiting "난 토할 것 같아" 입니다.

네 개 문장 모두 필히 암기바랍니다.

집에 갈 시간 입니다.	It's time to go home now

(주) It's time to say good night
헤어질 시간 입니다. It's time to say goodbye 작별할 시간 입니다.

너무 늦기 전에 집에 갑시다.	Let's go home before it's too late

꼭 암기 바랍니다.

7-5. 계산서 지불

이건 내가 낼게.	This bill is on me = It's on me = I will pay for the bill = I will take care of the bill = Let me settle the bill = Let me pick up the bill

(주1) 계산서 bill(영국 영어)=check(미국 영어)
(주2) 내가 쏠게 한잔 하자 Let's have a drink. It's on me

첫 세 개 문장 모두 꼭 암기 바랍니다.

이차는 내가 내겠습니다.	Second round bill is on me = Second round will be my treat = Let me treat you second round

(주) to treat "❶ 대접하다. 한 턱 내다 ❷ 다루다. 취급하다"

(예) **Don't treat him like a child!** 그를 어린애처럼 취급하지마!

이 번 술은 내가 냅니다.	This round is on me

(주1) round "술 따위의 한 순배의 양" 서양에서는 바에서 친구들이랑 마셔도 각자가 내는 경우가 많기 때문에 특별히 자기가 내고 싶을 때 쓰는 표현 입니다.
(주2) **The dinner is on me** 저녁 값 내가 계산 할 게.

각자 내기로 합시다.	Let's share the bill = Let's split the bill = Let's go Dutch

(주1) to go Dutch "비용을 각자 부담하다"
(주2) **Let's go fifty/fifty(50/50)** "반 반씩 내자"

첫 세 개 문장 모두 꼭 암기 바랍니다.

계산은 내가 합니다. 당신이 돈 내는 게 아닙니다.	It's on me. It's not on you
내가 지불해도 되겠습니까?(내가 질문)/그렇게 하십시오.(상대방이 대답)	May I pay for it? / Sure. Be my guest!

(주) **Be my gust** 는 많은 분들이 혼돈을 하고 계시는 아주 자주 사용하는 유용한 표현 입니다. 1) 첫 번째 뜻은 " 상대방의 부탁에 대한 허락의 뜻으로 "그렇게 하세요" 입니다 (예1) **May I drive your car?** 당신 차를 운전해도 되겠습니까? Sure. Be my guest! 물론 입니다. 그렇게 하세요. 두 번째 뜻은 2) **Be my guest!** 직역 그대로 (나의 손님이 되어 주십시오) 처럼 "초대된 손님처럼 편안하게 행동하십시오 또는 부담 갖지 마십시오", 즉 **Please feel free to act as invited guest** 입니다. (예2) **You are in Seoul. You are my guest. Be my guest**, 서울에 있으니 넌 내 손님이야. 부담 갖지 마 내가 돈을 낼게 (예3) **I will pay for the bill. Be my guest!** 계산 내가 할 테니 넌 부담 갖지마(넌 내 손님이야). 상황에 따라 확연히 다릅니다 본 문장과 (예1)은 "상대방 부탁에 대한 허락" (예2)와 (예3) 은 "초대된 손님이니 부담 갖지 마" 입니다. **Be my guest!**

본문장과 예로 든 세 개 문장 필히 암기 바랍니다

| 한 턱 내가 내는 겁니다. | This is my treat |
| 내가 모두에게 한턱 쏘겠습니다. | I will treat you all |

7-6. 작별과 감사의 인사

| 당신 호의에 정말 감사 드립니다. | I am grateful for your hospitality |

(주) **Thank you very much for your hospitality** 나 **I really appreciate your hospitality** 보다 더 정중하고 더 감사의 표시가 강한 표현 입니다.

신세 많이 진 것 모두 고맙습니다.	I really appreciate everything you did for me=Thank you so much for everything you did for me
다음 기회에 당신이 보여준 환대를 보답하겠습니다	Let me return your hospitality you have shown to me another time
모든 것 감사합니다. 다음에는 내가 당신을 대접하겠습니다. (직역: 당신이 나의 손님이 되는 겁니다)	Thank you for everything. Next time you will be my guest
다음 기회에 한 잔 하십시다.	Let's have a drink for a next opportunity

(주) **Let's have a nightcap** 잠자리 들기 전에 딱 한 잔 하자.
nightcap "잠자리 들기 전에 하는 술 한 잔"

Golf Rules Quiz
골프 규칙에 대한 퀴즈

Q&A

06. 네/아니오

당신이 친 공이 골프장 내에 설치된 보수기계에 맞아 OB 지역으로 넘어갔을 경우 페널티 없이 또 다른 공을 칠 수 있다.
Your ball hits a maintenance machine and from there it's deflected to Out of Bounds. You may hit another ball without penalty

Jokes about golf
골프에 관한 농담

골프는 연애와 같습니다. 심각하게 받아들이지 않으면 재미가 없고 심각하게 받아들이면 당신 가슴을 아프게 할 겁니다.
Golf is like love affair. If you don't take it seriously, it is not a fun. If you take it seriously, it will break your heart

08

해외에서 골프 칠 경우
Playing golf abroad

8.1 골프 시작 전 확인 사항
8.2 골프 도중 대화
8.3 비로 인한 경기 중단
8.4 골프 종료 시/종료 후 대화

08. 해외에서 골프 칠 경우
Playing golf abroad

8-1. 골프 시작 전 확인 사항

예약을 확인하고 싶습니다.	I would like to confirm my reservation

필히 암기 하시기 바랍니다.

니콜라스 이름으로 예약을 했습니다.	I made a reservation under the name of Nicolas

필히 암기 하시기 바랍니다.

니콜라스 김 이름으로 4명, 티 오프 1시에 예약되어 있습니다. / 네. 명단에 있습니다.	We are the Nicolas Kim foursome. We have a one o'clock tee time / Yes, I have you on my list
캐디에게 봉사료는 얼마를 주면 됩니까?	How much should I give a tip to caddie? = How much should I tip a caddie?
㈜ **tip** "팁(명사), 팁을 주다(동사)"	

두 문장 필히 암기 바랍니다.

카트 탈 겁니까?	Are you going to take buggy (= golf cart)?
㈜ **Caddie cart**는 캐디나 **player**가 끌고 다니는 손수레 이고, player 또는 캐디가 운전하고 다니는 전동차는 **golf cart** 이고 일명 "**Buggy**" 라고 합니다.	
카트를 빌리는데 비용은 얼마입니까?	How much is it to rent a golf cart?

(주) 국내의 회원권 골프장은 거의 골프 카트를 의무적으로 타고 골프를 치지만, 해외의 경우, 플레이어가 원하면 카트를 안 타고, 칠 수 있는 곳도 있고, 캐디가 없이, 플레이어가 손수레를 직접 끌고 다니는 곳도 있습니다.

캐디 카트를 깜빡잊고 안 갖고 왔어요.	I forgot to bring my caddie cart
골프채를 빌리는데 얼마입니까?	How much is it to rent golf sticks?

(주) golf sticks = golf clubs "골프채",
Boston bag "골프 옷이나 신발을 넣고 다니는 가방"

로커룸은 어디 입니까?	Where is the locker room?

(주1) locker room = changing room 탈의실
(주2) fitting room 의류 매장 탈의실

그늘 집은 어디에 있습니까?	Where is a snack bar?

달히 암기 하시기 바랍니다.

(주) 영국인들은 그늘 집을 halfway house 라고 합니다.

티오프 타임은 언제 입니까?	What time do we tee off? = When is the tee-time?
티오프 시간 다 됐습니다.	It's time to tee off
같이 동반해서 쳐도 되겠습니까?	Can I join you? = May I join you?

(주1) 해외 골프장의 경우, 상당히 많은 골프장에서 두 명이나 또는 혼자서 치는 player 가 있음을 자주 보게 됩니다. 이럴 경우 상대방이 같이 쳐도 되냐고 물어보는 말 입니다.

(주2) 같이 쳐도 됩니다 허락하는 대답은 Yes. Sure. Of course! No problem! 중 아무 것을 사용해도 됩니다. 거절은 Sorry 또는 I am afraid not "그건 좀 어렵겠습니다" 로 답하시면 됩니다.

골프 한 게임하며 나랑 한 바퀴 돌아보시겠습니까?	Do you want to play a round with me?

(주1) Do you want to play around with me? 나랑 한 바탕 놀아볼래?
(주2) to play around "심심풀이로 심각하지 않게 육체 관계를 갖다"

한 번에 다섯 명이 같이 쳐도 됩니까?	Is it allowed to play fivesome?

(주) 원칙은 4명이 maximum 이지만 일부 golf장에서는 허용하는 곳도 있으니 사전 확인 필요 합니다. 그러나 최대 4명이 칠 것을 권장 합니다.

8-2. 골프 도중 대화

게임 하기에 재미있는 골프 코스입니다.	It's a fun golf course to play
골프장은 개장한지 얼마나 됐습니까?	How old is this golf course?
코스 상태가 아주 좋아서 이곳에 경기하기 정말 좋습니다.	The course is in great conditions, so it's really good to play out here
이 골프장은 나하고 궁합이 맞아 마음에 듭니다.	I like this course because it suits me
이 골프장이 나를 봐줍니다. (직역: 이 골프장은 관대합니다)	This course is forgiving

㈜ to forgive "용서하다" forgiving "관대한"

이 골프장이 나를 안 봐줍니다. (직역: 이 골프장은 관대하지 않습니다)	This course is not forgiving.
이 골프장은 나로 하여금 방심하지 않도록 만듭니다/맞습니다. 아무것도 장담 할 수가 없습니다.	This course really keeps me on the toes/That's right. You cannot take anything for granted

㈜ to keep someone on the toes "누구를 긴장시키게 만들다", to take something for granted "무엇을 당연하게 받아들이다"

이 골프 코스는 버디 잡기는 어렵고 자칫하면 쉽게 보기를 하게 됩니다.	This course is hard to make birdies and easy to make bogeys
핀 대가 안 보여 그냥 샷을 하는 게 너무 많습니다.	There are too many blind shots
훅 나셨습니다.	You hooked the ball

㈜ You sliced the ball 슬라이스 나셨습니다.

핸디캡이 10 이라고 하더라도 당신이 80대를 치기는 어림도 없습니다.	If you are a 10 handicapper, there is no way you are breaking 90

㈜1) There is no way = No way! "절대로 안되다, 절대로 아니다"
㈜2) to break 90 "90타를 깨다, 80대를 치다"

예) No way! 절대 안돼!

꼭 암기하시기 바랍니다.

나는 보기 플레이어입니다.	I'm a bogey player.
핸디캡이 10인데 난 오늘 28처럼 못치고 있습니다.	My handicap is 10, but I am playing like (handicap) 28 today
캐디 당신 잘못이 아닙니다. 당신은 잘못한 것 없습니다.	That's not your fault. You didn't do anything wrong

㈜ 동남아 지역에서 골프를 치다 보면, 캐디들이 일반적으로 아주 착해서 러프에 들어가 공을 못 찾게 되면, 매우 미안해 하며, sorry! "미안 합니다" 라는 말을 많이 합니다. 이럴 때, 캐디들에게 이런 말로 해주는 것이 골프 치는 사람의 예의가 아닐까 싶습니다.

그린에 아무도 없습니까? (앞 팀이 빠져 나갔습니까?)	Is the green clear?
뒤 팀에게 싸인을 주십시다! (파3홀에서 원활한 경기 운영을 위해)	Let's wave them on!

㈜ to wave on somebody "누구에게 신호하여 나아가게 하다",
wave "명사로서 파도, 물결"

아들도 골프 잘 치십니다./부전자전 입니다. 혈통을 이어 받아서 그렇습니다.	Your son also plays golf very well/Like father, like son. He is in his blood

㈜ Like father, like son 부전자전,
Like mother, like daughter 모전여전
be in one's blood "능력이나 성향이 혈통을 이어 받다"

필히 암기 하시기 바랍니다.

이 홀은 이 골프장을 대표하는 홀입니다.	This is the signature hole
㈜ signature hole 골프장을 대표로 상징하는 홀	
이 홀의 경치가 그림같이 아름답습니다. 우리 사진 찍읍시다.	This hole is picturesque. Let's take photos here
이곳에서는 정교한 아이언 샷을 구사해야 합니다.	You have to be precise with your iron shots around here
이곳은 까다로운 코스라서 정교한 샷을 구사해야 합니다.	This is a tricky course, so you have to shape your shot
이곳의 골프 코스는 한치의 실수가 용납이 되지 않습니다.	There is no margin for error on this course
저는 7번홀에서 버디를 잡았습니다.	I got a birdie on the seventh.
저는 태어나서 처음으로 오늘 버디를 잡았습니다.	I got my first birdie in my life today
저는 10번홀에서 보기를 했습니다.	I bogeyed the tenth = I got a bogey on the tenth
저는 10번홀에서 파를 했습니다.	I made a par on the tenth = I got a par on the tenth
저는 더 짧은 채를 잡겠습니다.	I will use a shorter club
전 더 긴 채를 잡겠습니다.	Well, I'll use a longer club

| 지난 일요일에 발리 섬에서 친구랑 골프 쳤습니다. | I played golf with my friends last Sunday at Bali Island = I golfed with my friends last Sunday at Bali |

8-3. 비로 인한 경기 중단

비가 많이 옵니다.	It is raining hard
비가 억수같이 쏟아집니다.	It rains cats and dogs
⁽ᵗ⁾ 관용구 입니다. (암기해 두면 좋습니다)	
참고 기다려 보죠. 비가 그칠 겁니다.	Be patient! The rain will go away
비가 오거나 말거나 우리는 매 주말에 골프를 칩니다.	Rain or shine, we play golf every weekend
⁽ᵗ⁾ rain or shine "비가 오거나 말거나, 어떤 일이 있어도"	
비가 오지만 경기는 할수 있습니다.	It's raining, but still playable
몇 홀 남았습니까?	How many holes left? = How many holes to go?

두 문장 모두 필히 암기 하시기 바랍니다.

| 비가 와서 다 못 쳤으니, 다음에 와서 공짜로 칠 수 있겠습니까? | Can we have a rain check? = Can we get a rain check? = Can we take a rain check? = We need a rain check |

⁽주1⁾ rain check "❶ 야외경기(골프, 야구 등) 와 콘서트 에서 다음 번에 쓸 수 있도록 주는 공짜 티켓 ❷ 약속이나 초대를 사정에 의해 다음으로 연기 하는 것 ❸ 재고가 일시적으로 바닥 난 제품을 고객이 다음에 와서 같은 금액만큼 살 수 있도록 주는 쿠폰 이나 티켓" 매우 자주 쓰이는 표현 입니다. (네 문장 모두 필히 암기 바랍니다)

⁽주2⁾ 원래 1880년도에 미국 야구경기에서 비(rain) 가 왔을 때 경기가 중단되어, 경기를 계속 할 수 없는 경우, 돈을 낸 관중에게 주는 우천 시 다음 경기 입장 교환권 에서 유래되었습니다.

⁽주3⁾ 나라마다, 골프장 마다 rain check policy(규정) 이 다 다르기 때문에 꼼꼼히 따져 봐야 합니다.

8-4. 골프 종료 시/종료 후 대화

잘 쳤습니다.	Thanks for the game!
㈜ 동반한 사람과 골프를 끝내며 악수 할때	
오늘 골프 어땠습니까? /늘 그런 것처럼 엉망이었습니다. 난 항상 꼴찌입니다.	How was golf today?/ Terrible as usual. I always finish last
주말 골프는 잘 쳤습니까?	How was your round of golf over the weekend?

Golf Rules Quiz
골프 규칙에 대한 퀴즈

07. 네/아니오

스트로크 경기와는 달리 매치 플레이에서는 경기 당일 해당 코스에서 연습을 할 수 있다.
Contrary to Stroke Play, in Match Play it is allowed to practice on the course on the day of the match

Jokes about golf
골프에 관한 농담

당신들이 좋아하는 방식으로 내가 정확하게 볼을 쳤습니다.
I hit the ball exactly the same as you guys like
㈜ OB등으로 잘 못 쳤을 때 하는 농담. 왜냐하면 내가 못 치면 동반자, co-player 들이 좋아하니까, 나의 불행은 남의 기쁨, 남의 불행은 나의 기쁨

09

내기와 경쟁
Betting & Competition

9.1 골프란?
9.2 내기/경쟁 규칙
9.3 심리교란 표현 화법
9.4 끝나봐야 안다

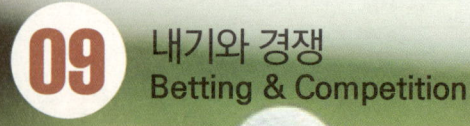

㈜ 골프는 친구들이랑 치는 경우가 많지만, 선후배, 직장 상사, 동호회, 또는 비즈니스 관련 등과의 친선 경쟁 게임도 자주 있어서 다른 장들과 마찬가지로 존대 말을 사용하였습니다.

9-1. 골프란?

골프는 참 이상한 게임입니다. 예측하기가 어렵습니다	Golf is such a strange game. Golf is difficult to predict
㈜ to predict "예측하다", unpredictable "예측할 수 없는"	
골프란 다 그런 겁니다.	That is golf all about
골프란 그리 녹록하지가 않습니다.	Golf is not all that easy
골프는 내 생에 있어 원동력입니다.	Golf is driving force in my life
골프만큼 좋아하는 게 없습니다. (골프가 난 최고 좋습니다)	There's nothing I like more than golf
골프에서 이기고 지는 차이는 종이 한 장 차이와 같습니다.	Winning and losing in golf is like the difference of a sheet of paper
잘 맞을 때도 있고 잘 안 맞을 때가 항상 있는 것이 골프 입니다.	We have always good times and bad times in playing golf
골프가 다 그런 거지 뭐 별 수 있습니까? 부딪혀 보는 수 밖에 없습니다.	It is what it is. You have to deal with it
㈜ It is what it is "그런 거야. 받아들여"	

그건 내가 원하지 않은 샷 입니다.	That is not what I wanted to be
단 한 번의 나쁜 티 샷이 전체 게임에 영향을 줄 수 있습니다.	Just one bad tee-shot could affect whole game
돌아 버리겠습니다! (환장하겠네! 내 뜻대로 안돼서)	That makes me crazy!
똑같은 실수를 내가 또 했습니다.	I made a same mistake

필히 암기 하시기 바랍니다.

아이고 내가 또 실수를 했습니다.	Oops, I did it again

필히 암기 하시기 바랍니다.

마음에 안드는 샷 입니다.	That is unsatisfactory shot
썩 좋은 샷은 아닙니다.	That isn't one of the best shot = That's not as good as it should be
볼이 안보입니다. 풀 속에 파묻혔나 봅니다.	I can't see the ball. It looks the ball settled down
안 들어가면(퍼팅 할 때) 그만이지 어쩌겠습니까(아님 말고!)	If not, forget it! = If not, whatever! = If not, so be it!

(주) **Forget it!** 잊어버려! (중요한 것 아니니까), **whatever** "무엇이든 간에"

(예) **Whatever it is, just forget it!** 그것이 무엇이든지 간에, 그냥 잊어버려! **So be it** "할 수 없지 뭐. 그렇게 하시던가" (미국 드라마 "Vikings"를 비롯해 아주 많이 나옵니다. 간단한 표현이지만 외어 두시면 아주 유용하게 쓰입니다)

세 문장 모두 필히 암기 하시기 바랍니다.

잘 쳤는데 이럴 수가 있습니까. (받아들이기 힘들다)	That's hard to accept that

(주1) **hard** ❶ 어려운, ❷ 딱딱한(형용사), 열심히(부사)", 여기서는 "어려운(=difficult)" 뜻 입니다.

(예1) **It is hard to believe that you are 61 years young** 당신이 61세라니 믿기 어렵습니다. "**It is hard to believe that**…. 아주 자주 쓰입니다"

(주2) Arnold Palmer 선수가 TV 인터뷰에서 "**I am 70 years young**"이란 표현을 썼던 기억이 납니다. 확인해 보니까, 문법적으로는 young 대신 old 가 맞지만, 미국에서 나이든 분들이 가볍게 농담처럼 얘기할 때(to make light of something) old 대신 young을 쓴다고 합니다.

(예)	(예2) Gary Player, 70 years young, level par(=even par)! 칠십 세의 나이에 게리 플레이어 선수가 72타 기록 했습니다.
	(주3) 2006년 Senior British Open 에서 7월 27일에 남아공의 Gary Player 선수(70세)가 72타를 쳤을 때 해설자가 70 years old 라는 표현 대신 young 을 썼습니다.
(예)	(예3) 육십 일세의 노장입니다 Raymond Floyd is 61 years young
	(주4) 2004 US Open 대회에서(Senior 대회가 아니고 젊은 선수 들이 대부분 참가) Raymond Floyd 선수를 61 years old 대신 61세의 젊은 선수라고 소개했습니다.

선수약력 : 게리 프레이어(Gary Player)

1935년생. 남아프리카 공화국 출신. 메이저 대회 9승(Masters 3번, The Open 영국 Championship 3번, PGA Championship 2번, US Open 1번). 29세에 US Open 우승함으로써, 비 미국인(non-American)으로 첫 Career Grand Slam(메이저 대회인Masters, The Open, PGA Championship, US Open을 모두 우승)을 달성하였고, PGA 24승 포함, 정규 투어와 시니어 대회에서 60년 동안 6개 대륙에서 통산 165승 기록. 1974년에 명예의 전당에 가입된 전설적인 선수

전반 나인 홀보다 점수가 좋기를 바라고 있을 뿐 입니다.	I am just hoping for better than first nine
점수가 어떻게 나오든 내가 최선을 다하는 한 연연하지 않습니다.	Whatever score comes out, I am fine with it, as long as I try my best

(주) as long as "무엇을 하는 한"
to try one's best = to do one's best "최선을 다하다

필히 암기 하시기 바랍니다.

(예) **Do your best and leave the rest to God!**
최선을 다하고 나머지는 하나님에게 맡겨!

필히 암기 하시기 바랍니다.

Jokes about golf
골프에 관한 농담

골프 단어 GOLF가 무엇의 약자인지 아십니까? What does the (word) golf stand for? ㈜ to stand for "상징하다, 의미하다"

Gentlemen Only, Ladies Forbidden (신사만 되고 숙녀는 금지)
Go Out Laugh Frequently (필드에 나가서 자주 웃어라)
Green, Oxygen, Light, Foot (풀밭, 산소, 빛, 발)
Green, Oxygen, Leisure, and Friendship (풀밭, 산소, 여가, 우정)
God Offers Love and Forgiveness (하나님은 사람과 용서를 주셨음)
Great Outdoor Lost and Found (위대한 야외 분실물 취급소)
God Our Loving Father (하나님 우리가 사랑하는 아버지)
God Of Love Forever (하나님의 사랑은 영원하리)
Go Out and Love Food (필드에 나가서 음식을 사랑하세요)
Go Out Live Fun (필드에 나가서 즐겁게 사세요)

9-2. 내기/경쟁 규칙

게임은 똑같습니다 단지 경기하는 법이 다릅니다.	The game is the same, but there are different ways of playing
규칙은 규칙이고, 예외는 없습니다.	Rule is rule. There's no exception

㈜ **Don't break the rules!** 규칙을 위반하지마!

필히 암기 하시기 바랍니다.

규칙을 이용한다고 해서 나쁠 건 없어.	There's nothing wrong to use the rule
승자 독식 입니다.	The winner takes it all

㈜ 길게 쓰는 표현은, **Winner takes it all, the loser has to fall** 승자가 다 갖고, 패자는 추락해야만 해.

두 문장 필히 암기 바랍니다.

승자가 모든 것을 차지하는 경기 입니다.	It is winner-takes-all game

승자가 있으면 패자도 있는 법입니다.	Win some, lose some!

필히 암기 하시기 바랍니다.

이번 경기는 도 아니면 모로 갈겁니다.	It's going to be all – or – nothing
이번 경기는 필사의 게임이 될 것입니다.	It's going to be do-or-die game

(주) do- or-die, 죽기 아니면 살기, all-or-nothing 도 아니면 모, sink-or-swim 흥하든 망하든, 죽기 아니면 까무러치기(직역: 물에 빠지느냐 헤엄쳐 살아남느냐) make-or- break 성공이냐 실패냐를 가름하는 (모두 자주 사용되는 유용한 표현들 입니다.)

다섯 개 문장 모두 필히 암기 바랍니다.

패자는 있기 마련입니다.	Someone has to lose

9-3. 심리교란 표현 화법

골프가 어떤 건지 보여주겠습니다.	I am going to show you what the golf is all about

(주) **Show me what you have got!**
네 솜씨 좀 보여 줘! (직역: 네가 갖고 있는 것을 보여줘)

골프장에서 나는 내 방식대로 갑니다. (과감하게 치든 안전하게 치든)	On the golf course, I go my own way

(주) go one's own way "각자의 길을 가다"

(예) You go your own way and I will go mine 넌 네 갈길 가. 난 내가 갈 길 갈 거야(또는 네 마음대로 해. 난 나대로 할 테니까)

필히 암기 바랍니다.

골프채가 낡고 녹이 늘었으면, 교체해도 됩니다	If your equipment gets old and rusty, you can replace it.

(주) equipment "장비, 즉 골프채를 뜻 합니다, 정확한 표현은 golf equipment(s) 입니다". 경쟁 상대방 선수가 잘 못 칠 때 성질을 긁기 위해서 쓰는 표현 이므로 친한 사이가 아니면 사용 자제 하시기 바랍니다, replace "교체하다", replace A with B " A를 B로 교체하다"

공을 그린 위에 올려 놓은 것 만도 다행이었습니다.	I was lucky to keep the ball on the green

그들 보다 당신이 더 나을지 몰라도 나 에게는 상대가 안됩니다.	you are better than them, not better than me

(주1) **You are no match for me** 넌 내 상대가 안돼. **be no match for someone** "누구보다 하수이다"
(주2) **I am more than a match for you** 난 너보다 상수야 (한 수 위야) **be more than a match for someone** "누구보다 상수다"
(주3) **I am a cut above you** 내가 너 보다 한 수 위야 **be a cut above someone** "누구보다 한 수 위다" 세 개의 표현 자주 쓰이고 아주 중요하니

네 문장 모두 달달 외기 바랍니다.

나는 가능한 골프를 즐기려고 노력합니다.	I am trying to enjoy my golf
나는 골프 경기를 즐기고 골프 칠 때 매우 심각하게 칩니다.	I love golf game, and I am very serious when I am playing golf
나는 돈 내기에 강한 사람 입니다.	I am a money player

(주) **money player** : 경기 등의 경쟁에 강한 사람; 큰 돈벌이에 능한 사람

승부 근성이 나는 매우 강합니다.	I have a very competitive nature

(주) **nature** "❶ 자연 ❷ 천성 ❸ 본질. 속성"

(예) **nature of business** : 사업의 속성

나도 승부 근성이 강합니다.	I also have a strong will to win
칼 좀 갈았습니까 (연습 많이 했습니까)?	Did you sharpen your game up?

(주) **to sharpen up**
"기량을 갈고 닦다"(영어 표현과 우리 말 표현이 비슷합니다)

편안하게(가뿐하게) 당신을 상대해 주겠습니다. (넌 식은 죽 먹기야)	I will go easy on you

(주) **to go easy** "태평하게 마음먹다, 여유 있게 하다"

나는 이기려고 경기 하는 게 아니고 골프 게임이 좋아서 하는 겁니다.	I don't play to win. I play for the love of the game
당신은 게임을 즐기고 있는 것처럼 보입니다.	You look like having a fun

당신은 모험을 좋아합니까 아니면 안전하게 플레이 하십니까?	Are you a risk taker or Do you play it safe?

(주) **to take the risk** "모험을 무릅쓰다", **risk taker** "모험을 좋아하는 사람"

난 골프를 잘 못 칩니다.	I am not a good golfer

(주) **I am not a good drinker** 난 술 잘 못합니다.

난 오 연속 파를 잡았습니다.	I got 5 pars in a row = I got 5 consecutive pars
나는 당신보다 2타 잘 치고 있습니다.	I am two strokes ahead of you
난 오늘 실수를 가장 적게 하며 골프를 칠 겁니다.	I am trying to make the least mistakes
누군가의 손실은 나의 득입니다.	**Someone's loss is my gain**

(주) 골프 치다가 친한 친구들 사이에서 누군가 OB를 내거나 물에 빠뜨렸을 때 쓸 수 있는 농담. 친한 사이에서 만 써야 합니다.

당신이 못 치면 내가 득이 되고, 내가 못 치면 당신이 득이 되죠. 그게 골프의 재미 입니다.	Your pain is my gain and my pain is your gain. That's the fun of golf

(주) **No pain, no gain** (속담) "고통 없이는 얻는 게 없다", 즉 동반자 상대방이 OB 가 나거나, 물에 빠졌을 때 상대방은 고통스럽지만, 경쟁하는 나에게는 득이 되는 것을 농담으로 표현한 겁니다. **No risk, no success** "위험부담이 없으면 성공이 없어", **High risk, high return** "위험 부담이 높으면 수익률도 높아" 로 표현해도 됩니다.

네 개 모두 필히 암기 바랍니다.

대가 없는 승리는 없습니다.	No victory comes without price
밑져봐야 본전입니다. (직역을 하면: 잃을게 없어)	There is nothing to lose

(주) **Nothing to lose and nothing to gain!** 잃을 것도 없고 득 될 것도 없어!

필히 암기 바랍니다

손등 보듯 당신은 훤히 이 골프장을 알고 있습니다.	You know this golf course like the back of your hand = You know every nook and corner of the golf course

㈜ every nook and corner = every nook and cranny "구석구석, 샅샅이" (생각보다 자주 접하는 표현 입니다)	
나는 숏 게임에 약하고 롱 게임에는 강합니다.	I am poor at short game, but good at long game

필히 암기 바랍니다.

부끄러워할 것 하나도 없습니다!	Nothing to be ashamed of!
㈜ be ashamed of someone/something "부끄러워하다"	
㈎ Don't be ashamed of yourself! 부끄러워하지 마!	

필히 암기 바랍니다.

부끄러운 샷 입니다(아 쪽 팔려!)	What a shame!
㈜ shame "부끄러움, 창피" Don't be embarrassed! 창피해 하지 마! Don't be shy! 부끄러워하지 마!	

필히 암기 바랍니다.

압박감을 느낄 필요 없습니다.	You don't have to feel pressured
㈜ feel pressured "부담감, 압박감을 갖다"	
㈎ Don't feel pressured! 부담감 갖지 마!	

필히 암기 바랍니다.

애매모호한 피칭 샷을 했습니다.	You had an "iffy" pitch shot
㈜ iffy "if(만약)가 많은, 불확실한"	
오늘은 홀 구멍이 크게 보이는 것 같습니다.	The hole seems very big today
운이 좋게 공이 튀었습니다.	That's friendly kick! = That's fortunate kick = That's good bounce = That's favorable bounce
㈜ bounce "공이 튀어 오름"	
이런 샷이 내가 찾고 있던 겁니다.	This is the stroke I am looking for
㈜ to look for someone/something "누구를/무엇을 찾다"	
페어웨이 중앙에 공을 안착시켜야 합니다.	You have to put the ball down on the middle of the fair way
㈜ put something down "내려놓다"	

예	Put it down on the table! 탁자 위에 내려놔!
짧지만 쉽지 않은 퍼트 입니다.	Short putt, but not simple!

9-4. 끝나봐야 안다.

게임은 끝나봐야 압니다.
골프는 18홀 경기라서 신발을 벗어봐야 안다.

01	It is not over until it's over	직역: 끝날 때 까지는 끝난 게 아니야
02	It's not the end of the game	직역: 게임이 끝난 게 아니야
03	Game is not over yet	직역: 경기가 아직 끝난 게 아니야
04	Anything can happen over 18 holes	직역: 18홀 동안에는 어떤 상황도 일어날 수 있어
05	Anything still can happen	직역: 어떤 일도 벌어질 수 있어
06	Golf is anybody's game	직역: 누구든 전세를 뒤집어서 이길 수 있어
07	Anything can happen before it is over	직역: 18홀 전까지 무슨 일이든 일어날 수 있어
08	Golf is 18 holes game. Who knows what's next?	직역: 골프는 18홀 경기이다, 다음에 무슨 일이 일어날지 누가 알겠니?
09	Nobody knows what's next. Only God knows	직역: 다음에 무슨 일이 일어날지 아무도 몰라. 오직 하나님만이 알지
10	Who knows the results of the golf game? Only God knows it	직역: 골프 결과를 누가 알겠어? 오직 하나님만이 아시지
11	Golf is not over yet. There is a lot of drama in the last hole	직역: 골프는 아직 끝나지 않았어 마지막 홀에서 극적인 드라마가 많이 있어
12	Nobody knows what will be happening at golf course until we walk off 18 holes	직역: 18홀이 끝나 걸어 나오기 까지 골프 코스에서 무슨 일이 일어날지 아무도 몰라
13	Nobody knows what will be happening during the rest of the holes	직역: 나머지 홀에서 무슨 일이 일어날지 아무도 모른다

14	You never know what it will happen until the final hole	직역: 마지막 홀 까지 무슨 일이 일어날지 우리는 절대 몰라
15	So much can happen over the closing hole	직역: 마지막 18번 홀에서 많은 일이 일어날 수 있어
16	We never know what's going to happen at the last 18 hole	직역: 마지막 18홀에서 무슨 일이 벌어질 지 아무도 몰라
17	We have to wait and see it until the last hole	직역: 우리는 18홀 까지 기다려 봐야 해

㈜ 필자가 24년 동안 골프 중계를 보면서 아나운서나 해설위원들이 표현했던 17개 표현을 모두 적어놓은 것 들 입니다. 마음에 드는 것, 외우기 쉬운 것 세 개 문장을 필히 외우시기 바랍니다.

아직 나는 끝난 게 아닙니다. (아직 경기 중이라 충분히 경쟁할 수 있어)	I am not finished yet

㈜ I am not finished yet은 "난 아직 식사를 다 끝내지 않았어. 난 아직 식사 중이야"라고 말 할 때도 자주 쓰입니다, 같은 뜻으로 I haven't finished yet = I am not done yet

필히 암기 바랍니다.

무슨 일이든 일어날 수 있습니다. 하루는 76타를 치고 그 다음 날은 98타를 칩니다. 때때로 모든 것이 맞아 떨어지면 연속해서 잘 칠 수 있습니다.	Anything can happen. One day you can shoot 76, the next day you can shoot 98. Sometimes you can get into a run where everything is kind of clicking

㈜ run: 연속 흥행, 히트

㈖ long run: 장기 흥행

Golf Rules Quiz
골프 규칙에 대한 퀴즈

Q&A

08. 네/아니오

스트로크 경기에서 어떤 선수가 홀 아웃을 하지 않고 실수를 정정하지 않은 채 다음 홀의 경기를 한 경우 그는 실격된다
In Stroke Play, a player fails to hole out any hole and does not correct his mistake before he plays a stroke from the next teeing ground. He is disqualified

---

Jokes about golf
골프에 관한 농담

골프는 사람을 짜증나게 하는 경기야/내가 완벽한 한 예 야/경기를 향상시키려고 전문가의 충고를 따라서 마음을 비우고 다음 샷을 마음에 그리고 머리를 숙이고 공에 눈을 주시하고 다음에 무슨 일이 일어났는지 알아? / 난 나무 쪽으로 걸어가는 거야. Golf is maddening game/I am a perfect example/I followed the expert's tips to try to improve my game/I blocked everything else from my mind so I could visualize my next shot/I kept my head down and my eye on the ball/And what happened? / I walked into the tree

㈜ madden 발광시키다; 성나게 하다. tips 조언

10

골프가 안 되는 핑계들
Excuses for a bad round of golf

10.1 골프채 핑계
10.2 몸 상태 핑계
10.3 스윙/폼/퍼팅 핑계
10.4 연습/레슨 핑계
10.5 남 탓하는 핑계
10.6 말로 설명이 안 되는 핑계

10. 골프가 안되는 핑계들
Excuses for a bad round of golf

10-1. 골프채 핑계

어제 드라이버를 새로 구입했습니다.	I bought a new driver yesterday
새로 산 드라이버가 불편하게 느껴집니다.	I don't feel comfortable with this new driver
이 드라이버는 지난 달에 샀는데, 오늘 처음 사용해 보는 겁니다. (직역: 전에는 사용해 본 적이 없습니다)	This is new driver I bought last month, I have never used it before
스윙은 문제 없는데, 클럽을 잘못 잡았습니다.	My swing was right, but I took the wrong club
클럽 선택을 잘 못했습니다.	I took the wrong club = That was an error in club choice
골프 채를 너무 긴 것 잡았습니다.	It was too much club

(주1) 예를 들면 8번 아이언을 잡아야 하는데 7번 아이언을 잡은 경우
(주2) **Too much club!** 긴 클럽을 잡았어! **Too much lipstick!** 립스틱을 너무 많이 발랐어! **Too much sugar!** 설탕이 너무 많아! **Too much red!** 빨간색이 너무 많이 들어갔어. (예: 옷)

꼭히 암기 바랍니다.

클럽 채를 계속 너무 짧은 것 잡았습니다.	I have been down – clubbing a lot

(예) 예를 들어 7번으로 쳐야 했었는데 8 번 이나, 9번으로 쳤을 경우 거리 계산 착오였습니다. **Miscalculation!**

내 채는 집에 두고 왔습니다. 이 채는 예전에 쓰던 채 입니다.	I left my clubs at home, this is the set I used to play with
채를 청소하고 나서 다른 가방에 두고 왔습니다.	I put the clubs back in the wrong bag after I cleaned them up
골프 채를 친구에게서 빌렸습니다.	I borrowed the clubs from my friend

10-2. 몸 상태 핑계

어제 밤에 잠을 잘 못 잤습니다.	I did not have a good sleep last night
어제 밤에 과음했습니다.	I had too much drink last night
나는 서둘러서 여기에 왔습니다.	I was in a hurry to get here
내 몸이 아직 준비가 안되었습니다.	My body is not ready yet
몸이 마음만큼 따라가지 않았습니다.	My body did not move as the way I wanted it to be
오늘 몸 컨디션이(몸 상태가) 좋지 않습니다.	I don't feel well today = I am not feeling well today = I am in bad shape today

(주1) **be in bad shape** "육체적으로 몸 상태가 안 좋은, **be in good shape** "육체적으로 몸 컨디션이 좋은" (꼭 암기 바랍니다)
(주2) 우리가 흔히 말하는 "오늘 몸 컨디션 안 좋아" 를 **My condition is not good today** 는 완전히 틀린 표현(콩글리쉬) 입니다.

내 어깨에 문제가 있습니다.	There is something wrong with my shoulder
탄력을 받으면 잘 치는데 항상 시간이 좀 걸립니다.	I am a momentum player and it always takes me a little while

(주) **momentum** "탄력, 가속도"

발동이 걸리는데 나는 시간이 좀 걸립니다.	I am not a fast starter = I am a slow starter = I make a slow start

(주1) **to make a start** "시작하다. 착수하다"
(주2) **He is a late bloomer** 그는 대기 만성형 입니다 bloom "꽃", bloomer "꽃이 피는 식물, a late bloomer "대기 만성형의 인물"(직역: 늦게 꽃이 피는 사람으로 암기하시면 됩니다."(의외로 자주 쓰이는 표현 입니다)I am a fast learner 난 뭐든 빨리 배웁니다.

10-3. 스윙/폼/퍼팅 핑계

공을 못 맞추고 헛스윙 했을 때 "연습 스윙이었습니다."	It was practice swing!
내 스윙이 빨랐습니다.	I have hurried my swing
최근에 스윙을 바꾸었습니다.	I have changed my swing recently
골프 폼을 좀 바꾸었는데 내가 원하는 거하고는 어림도 없습니다.	I made some swing changes, but it's nowhere near where I want it to be

(주) **nowhere near** "한참 못 미치는, 사실과는 아주 동 떨어진"

(예) **Nowhere near it!** = **Far from it!** 근처에도 안 갔어(어림도 없어)
Your story is nowhere near the truth 네가 하는 이야기는 진실과 동 떨어져 있어

두 문장 모두 필히 암기 바랍니다.

너무 잡아 당겨서 내가 쳤습니다.	I pulled too much
왼쪽으로 볼을 당겨서 쳤습니다.	My shot was pulled to the left = I pulled my shot to the left
두껍게 공을 쳤습니다. (뒤 땅 쳤어)	I hit the ball fat = I hit a duff shot = I chunked it = I hit the ground before striking the ball

필히 암기 바랍니다.

(주) **to hit the ball fat** = **to duff** "공을 가격하기 전에 땅을 치다", **duff**= **chunk** = **a fat shot** "공을 가격하기 전에 땅을 침(명사)"

리듬이 아직 되돌아오지 않았습니다.	My rhythm did not came back yet
템포가 아직 되돌아오지 않았습니다.	My tempo did not came back yet

템포에 문제가 생긴게 틀림없습니다.	There must be something wrong with my tempo
리듬을 잃어버렸습니다.	I lost my rhythm
공을 잘 쳤는데 하지만 퍼팅이 아주 안 좋았습니다.	I hit the ball well, but my putting was bad
짧은 거리 퍼트를 당신이 오케이 줄거라 생각했는데, 안 주어서 못 넣었습니다.	I thought you were going to give me "concession". I missed it because you didn't.

(주) 짧은 퍼팅 거리에 오케이 안 주었을 때

10-4. 연습/레슨 핑계

샷이 녹이 슬었습니다.	I am in rust

(주) rust "녹(명사), 녹슬다(동사)", rusty "녹슨"

(예) If I rest, I rust 나는 쉬면 녹이 슬어.
(세계적인 성악가 Placido Domingo 의 말, 1941년생)

두 문장 모두 틀히 앍기 바랍니다.

오랫동안 안 쳐서 솜씨가 녹이 슬었습니다.	I got rusty because I haven't played for a long time
참 이상합니다. 어제 연습장에서는 공이 잘 맞았습니다.	It's so strange. I hit all the good shots on the practice range yesterday
어제 연습장에서 볼을 치고 있을 때 감이 왔습니다. 그런데 감이 오늘 사라져 버렸습니다.	I was hitting balls on the driving range yesterday, it clicked. But, it's gone today

(주) to click "❶ 마우스로 클릭하다 ❷ 불현듯 이해가 되다 ❸ 즉시 좋아하게 되다", 즉 여기서는 2)의 뜻 입니다. 3)도 자주 쓰입니다.

(예) We clicked each other when we met for the first time
처음 만났을 때부터 우리는 금방 좋아하게 되었어.

지난 주에 연습해서 칼을 갈았다면 잘 쳤을 겁니다.	If I practiced last week and got sharp, I might play better

올해 들어 처음 칩니다.	It's my first time playing this season
어제 스윙 레슨을 받아서 오늘 제대로 되는 게 하나도 없습니다.	I can't do anything right today because I took a swing lesson yesterday

10-5. 남 탓하는 핑계

이 골프장은 거리가 너무 깁니다.	This golf course is too long
이 골프장은 거리가 너무 짧습니다.	This golf course is too short
이 골프장은 벙커가 너무 많습니다.	This golf course has too many bunkers
이 골프장에서는 쳐 본 경험이 전혀 없습니다. (처음 쳐보는 골프 코스 입니다)	I've never played this course before
이런 종류 골프장 잔디에 난 익숙하지 않습니다.	I am not used to this type of grass.

㈜ 출장, 휴가 중에 해외 골프장 가서 골프 칠 때

난 항상 공의 위치가 나쁜 데 놓여 있습니다.	I always find my ball in bad position
내 공이 디보트에 놓여 있었습니다.	My ball was sitting in a divot

㈜ divot "골프채에 잔디가 뜯겨나간 자국"

치기만 하면 공이 놓인 상태가 안 좋아서 나는 인내심을 잃어 버렸습니다.	I lost my patience because I always have a bad lie

㈜ to lose one's temper = to blow one's top
"뚜껑이 열리다", "버럭 화를 내다"

아내와 오늘 아침에 말다툼을 했습니다.	I had a fight with my wife this morning
아내에게 골프 마친 후 즉시 집에 오라는 문자 받았습니다.	I got a message from my wife to be home immediately after the round
거리 측정기가 작동이 잘 됩니다.	My range finder isn't working right

㈜ range finder "거리 측정기"	
우리 앞에 있는 팀이 너무 경기 속도가 늦습니다. (그래서 짜증이 납니다)	The team in front of us is too slow
이 벙커의 모래는 바위 같이 딱딱합니다.	This sand is too hard like rock
캐디가 그린을 잘못 읽었습니다.	My caddie misread the green
나무만 안 맞혔으면 드라이버 샷이 완벽했을 겁니다.	My drive shot would have been perfect if the ball did not hit the tree
바람이 부는 날 치는데 난 익숙하지가 않습니다.	I am not used to windy weather
완벽하게 쳤는데, 운이 없어서 공이 튕겨 나갔습니다.	I shot it perfect, but unlucky bounce!
난 항상 당신이랑 치면 골프를 잘 못 칩니다.	I always play bad whenever I play a game with you
동반자가 매너가 나쁘면 나는 영향을 많이 받습니다.	I got affected very much by bad manners of co-players
㈜ to affect "무엇에 영향을 끼치다", got affected "영향을 받다"	

10-6. 말로 설명이 안 되는 핑계

오늘 따라 내가 왜 이러지요?	I am not myself today = I seem to be all thumbs today
㈜1) 이도 저도 말로 설명이 안되고 더 이상 핑계거리가 없을 때, 개인적으로 필자가 제일 자주 쓰는 핑계입니다. ㈜2) I have not been myself 내 정신이 아니었어.(직역: 난 내가 아니었어)	
	꼭 암기 바랍니다.
오늘따라 이상하게 샷이 안 풀리는 날 입니다. (오늘 따라 재수가 없는 날 입니다)	It's just one of those days

10. 골프가 안 되는 핑계들
Excuses for a bad round of golf

(주1) 골프가 안 되는 핑계가 수 백 가지 라는 우스개 소리가 있는데, 맨 마지막에 하는 핑계가 바로 이것이라고 합니다.

(주2) **It's just one of those days** = Everything seems to be going wrong "모든 일들이 제 대로 안 풀린다"의 관용구 입니다.

(주3) **Those were the good old days!** 그 때가 참 좋은 시절 이었어 (good old days 는 형용사 순서가 잘 생각이 안 나면 세 개 영어단어 앞의 첫 자를 따서 GOD 로 외우면 됩니다.)

두 문장 팀의 암기 바랍니다.

오늘은 내가 운이 없습니다. (직역: 오늘은 내 날이 아닙니다)	This is not my day = Just today is not my day

두 문장 팀의 암기 바랍니다.

생각했던 만큼 행운이 없었습니다.	There's not a break as much as I thought

(주) **break** 회화체에 쓰이며 여기에서의 뜻은 행운, 좋은 기회를 뜻합니다.

내가 예전과 같지 않습니다.	I am not as I used to be

(주1) **used to be** "예전에 = has been"

(예1) **I used to be a banker** 난 예전에 은행원 이었다.

(예2) **I am not like I used to be** 난 예전의 내가 아니야(난 지금은 달라)

(주2) **be used to do** = **be used to something** = **be accustomed to do** = **be accustomed to something** 무엇 하는 것에 익숙하다, 무엇에 익숙하다.

(예3) **I am used to do this** 난 이것을 하는 데 익숙해
I am used to this 난 이런 것에 익숙해

네 개 문장 모두 팀의 암기 바랍니다.

	㈜ 필자가 1987년에 받은 첫 번째 Longest 트로피 입니다
무엇이 내가 문제인지 통 모르겠습니다.	I don't know what's wrong with me
기대한만큼 내 샷이 좋지 않습니다.	I am not as good as I want to be

필히 암기 바랍니다.

마침내 제대로 된 골프다운 샷을 쳤습니다. (계속 헤매다가 마칠 때 즈음에) 오늘 친 공 중 제일 잘 친 공이었습니다.	Finally, I hit the real golf shot. That was the best shot of the day
마침내 이제서야 리듬을 되찾았습니다.	Finally, I got my rhythm back

㈜ 골프란 정말 알다가도 모를 게임 입니다. 계속 헤매다가 거의 끝나갈 즈음에 공이 잘 맞는 경우가 생각보다 많습니다. 필자도 수 백 번 경험 했습니다.

트리플 보기 두 개와 더블 보기 네 개만 없었다면 내 점수는 좋았을 것 입니다.	If it weren't for the two triple bogeys and four double bogeys, I would have had a good score today

Golf Rules Quiz
골프 규칙에 대한 퀴즈

Q&A

09. 네/아니오

스트로크 경기를 시작한 이후 2홀이 지나서, 허용된 14개를 초과하여 15개의 클럽을 가지고 경기했다는 것을 알게 되었을 때, 룰을 위반했다고 알게 된 시점에서 매 홀 당 2타의 페널티가 부가된다. 단, 이로 인한 최대 페널티는 4타를 초과 할 수 없다.

A player finds out after two holes played during a Stroke Play competition that he carries 15 instead of 14 clubs. He is penalized 2 strokes for each hole at which the breach of rules occurred, however, maximum 4 strokes per round

Jokes about golf
골프에 관한 농담

골프는 단지 치기 힘든 쉬운 게임 입니다.
Golf is an easy game that's just hard to play

11

원 포인트 레슨과 가르쳐주기
One Point Lesson & Coaching

11.1 스윙
11.2 파워
11.3 퍼팅
11.4 자신감/정신력에 대한 조언

11 원 포인트 레슨과 가르쳐주기
One point lesson & Coaching

이 책은 골프 테크닉을 위한 지침서가 아니기 때문에 간략히 소개합니다.

11-1. 스윙

골프를 향상시킬 수 있는 묘책을 알려드리겠습니다.	I will give the tips on how to improve your golf

㈜ tip "❶ 팁, 사례금 ❷ 비결, 묘책"

그립을 완벽하게 하십시오.	Perfect your golf grip!

㈜1) 필자가 30대 초반 서울 강북에 있는 한 연습장에서 원로 레슨 프로에게 들은 말이 생각납니다. "골프에서 힘 빼는 데 10년 걸리고, 정확한 그립을 잡는데 20년 걸립니다." 그립이 그 만큼 어렵고도 중요하다는 것에 필자도 공감합니다.
㈜2) perfect "완벽한(형용사), 완벽하게 하다(동사)"
㈜3) Get a grip! = Control yourself! = Pull yourself together! = Get yourself together! 정신 똑 바로 차려!

네 개 문장 모두 필히 암기 바랍니다.

내가 고전을 할 때 사용하는 몇 가지 스윙 테크닉이 있습니다. 그 중에 하나는 늘 템포 입니다.	There are a few swing techniques I use when I am struggling, and one has always been tempo
머리 들지 말고 공에 집중하십시오.	Keep your head down and focus on the ball!
앞으로 몸을 숙이고 공에 집중하십시오.	Lean forward and focus on the ball!

㈜ to lean "몸을 숙이다, 기울이다, 기대다"

공 뒤에 눈과 왼 어깨를 두십시오!	Stay behind the ball!

㈜ 필자가 2004년 1월 24일 Indonesia, Jakarta 근교의 Gading Raya GOLF CC 첫 티에서 생애 최고 기록인 76타를 치고, 과음한 바로 다음 날 까다롭기로 유명한Jagorawi GOLF CC에서 New Zealand 출신의 Handicap 이 0인 Scratch Golfer, Mr. Edwin Palmer 와 골프장 회원권 구매를 위한, 시범 라운드를 끝내고 필자에게 조언한 one point lesson 입니다. Address 시 눈 위치와, Top swing 에서 왼 어깨를 90도 이상 돌려 공 뒤에 머물게 하고, Down swing 과 impact 할 때도 눈 위치를 공 뒤에 두라는 아주 유용한 조언이었습니다.

힘주어서 스윙을 할 필요가 없습니다.	You don't have to take such a hard swing
스윙에 부드러움이 안 보이고 당신 스윙에서 몸의 이동이 많은 게 보입니다.	I don't see any softness from your swing and I see lots of movement
공을 때리지 마십시오! 클럽을 가능한 멀리 똑바로 던지십시오.	Don't hit a ball! Just throw the club as far and as straight as you can!
팔을 끝까지 죽 돌리지 않고 있습니다.	You are not following through
폴로 드루가 골프에 있어 모든 것입니다. (그만큼 중요합니다)	Follow through is everything in golf
㈜ follow though "공을 따라가듯 팔을 끝까지 죽 돌리는 것"	

네 개 문장 모두 필히 암기 바랍니다.

11-2. 파워

힘은 잘 사용하지 않는 손과 어깨에서 나오는 겁니다.	Power comes from non-dominant hand and shoulder
㈜ dominate "지배하다", dominant "우세한, 지배적인", non-dominant "비지배적인"	
힘을 위해서 몸통을 사용하십시오! 힘은 몸통에서 나옵니다.	Use your body for power! Power comes from the body
어깨를 볼 뒤로 돌리고 그때 어깨 뒤에서 최대한의 속도로 볼을 때리면 거리를 훨씬 더 낼 수 있습니다.	Stay your left shoulder behind the ball and hit it at the back with a full swing speed, you will get extra distance

11-3. 퍼팅

퍼팅에서 제일 중요한 부분은 올바른 속도로 볼을 굴리는 것입니다.	The most important part of putting is roll the ball with right speed
퍼팅을 할 때 컵을 지나치지 않으면 절대 안 들어 갑니다.	Never up, never in!

꼭 암기 바랍니다.

드라이버 샷은 보여주기 위한 것이고 퍼팅은 돈 입니다.(퍼팅의 중요성을 나타냅니다)	Drive for show, putt for dough!

(주) **dough** "밀가루 반죽, 돈"

11-4. 자신감/정신력 대한 조언

진짜 문제가 생기면 머리를 믿지 말고 가슴을 믿으십시오.	You trust your heart not your head if you have real problem
욕심을 낼수록 얻기가 더 어렵습니다.	The more you want it, the harder you get it

(주) The 비교급A, the 비교급B "A할수록, B하다"

(예1) **The more you want something to happen, the harder it becomes** 무엇인가 일어나기를 원할수록, 더 어렵게 됩니다, **The harder you work, the more confidence you get** 열심히 일하면(공부하면), 자신감이 더 생긴다, **work hard** "열심히 일하다. 열심히 공부하다"

(예2) **Work hard until you don't have to introduce yourself anymore!** = **Work hard until you no longer need to introduce yourself!** 네 자신을 소개시킬 필요가 없을 때까지 열심히 일해(공부해)!

꼭 암기 바랍니다.

골프란 실수를 최소로 줄이는 게임입니다.	Golf is a game to keep your mistakes to a minimum

(주) **to keep/reduce something to a minimum** "최소로 줄이다"

골프는 자신감과 연속성의 경기입니다.	Golf is a game of confidence and streak

(주1) streak "연속성" a period of time during which you continue to win or to lose	
(예) After a month-long losing streak we finally won a game 한달 내내 연패 끝에 마침내 한 경기를 이겼다	
(주2) winning streak "연승", streaking "공공장소에서 옷 벗고 질주하기"	

연습하면 완벽하게 칠수 있습니다.	Practice makes perfect
절대 포기하지 마십시오!	Never give up! = Don't ever give up! = Don't give up!

필히 암기 바랍니다.

프로는 절대 포기하지 않습니다.	Pro never gives up
긴장하지 마시고, 당신의 스윙을 믿으십시오!	Don't be nervous! Believe in your swing!
최선을 다하고 나머지는 하나님께 맡기십시오. (진 인사 대천명)	Do your best and leave the rest to God!
나이는 당신에게 장애물이 되지 않습니다.	Age is no barrier for you = Age doesn't matter to you
누군가에게 인상을 남기려고 하지 마십시오. 그냥 긴장 푸십시오!	Don't try to impress somebody. Just get relaxed!
마음을 비우십시오!	Empty your mind!
당신 자신의 게임을 즐기십시오.	Enjoy your own game!

12
골프장에서 갤러리로서 구경
As Gallery

12 골프장에서 갤러리로서 구경
As Gallery

박성현 선수 보러 여기에 왔습니다. 그녀는 정상급 선수 중 한 명이 될 거라 확신합니다. I am here to see Park Sung-hyun. I am sure she's going to be one of the best golfers ㈜ 박성현 선수는 2017년 LPGA대회에 첫 출전한 대회에서 3위를 했습니다.

선수약력 : 박성현(Park Sung Hyun)

1993년생. 호쾌한 장타로 여자 골프 최고 인기 스타 중 한 명으로, 2017년 LPGA 데뷔했으며 강력한 신인왕 후보, 2017년 2월 기준으로 세계 10위이고, 2016년에는 KLPGA 에서 7승을 올려 우승 상금만 13억을 받아 최다 상금 기록을 갱신하였고, LPGA 에서의 활력이 매우 기대되는 선수 ㈜ 박성현 선수를 Super Rookie 라고 부릅니다. 발음은 "슈퍼"가 아니고 "수퍼"가 맞습니다. Supermarket, Superman, Supermodel 의 정확한 발음도 "수퍼마켓" "수퍼맨" "수퍼마들" 입니다. 발음에 유의하시기 바랍니다. Cuba 나라 발음은 거꾸로 "쿠바" 가 아니고 "큐버"가 맞습니다.

훌륭한 선수들이 많이 참가했습니다.	A lot of good players are out there = There are a lot of good players
입석 권을 샀습니다	I bought a standing ticket
시야 방해하지 말아주십시오!	Don't block my view, please
그 쪽 움직이지 말아주세요. 감사합니다.	Hold up there please, thank you
뒤로 물러나 주십시오!	Move back please!
편안히 앉아서 행운을 빌어주세요!	Sit back and cross your fingers!

(주1) sit back "편안히 앉다"

(예) Sit back, relax and enjoy the show! 편안히 앉아서, 긴장 풀고 느긋하게 쇼를 즐겨! Star Sports 중계 때 자주 광고가 나왔습니다. 자동차 CF(Commercial Film) 입니다. "Sit back, Relax and enjoy the game"(등을 의자에 편히 기대고, 편안한 마음으로 게임을 즐기십시오"

(주2) cross one's fingers "행운을 빌다"

꼭 암기바랍니다.

토 막 상 식

마스터스 대회에서 3연속 우승한 사람은 누구도 없습니다. No one has never won the Masters 3 years in a row (주1) in a row = consecutively 연속해서, back-to-back win=2연속 우승, back-to-back-to-back win=3연속 우승(신조어 임), wire-to-wire win 처음부터 끝까지 선두를 차지하는 우승, head-to-head game 박빙의/대접전의 경기, nail-biting game 조바심 나게 만드는(직역하면 손톱을 깨물게 하는) 경기

(주2) No one has ever done it before 그것을 달성한 사람은 없다.

Golf Rules Quiz
골프 규칙에 대한 퀴즈

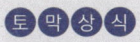

10. 네/아니오

선수 A 가 B선수의 스코어카드에 확인을 하고 사인을 한 이후 B의 카드를 분실하게 되어, 다시 똑 같은 스코어 카드를 적고 사인을 한 경우 이 카드는 유효다. Player A marks for player B in a competition. He loses B's scorecard and they duplicate one, signed by both. The card is accepted

Jokes about golf
골프에 관한 농담

속담에 이런 말이 있습니다 "아픈 골퍼를 조심하라" 그가 아프다고 불평할 때 마다 우리가(나머지 골퍼) 곤경에 처합니다. There's an old saying "Beware of ailing golfer". Whenever he is complaining, we know we are in trouble (주) 아프다고 엄살을 피지만, 오히려 평상시 보다 잘 치는 경우가 많아서 생긴 농담입니다.

13

TV 시청과 해설가의 언급 내용들
Watching TV & Commentator's Comments

13.1 대회에 대한 언급
13.2 홀에 대한 언급
13.3 한국 선수들에 대한 언급
13.4 다른 나라 선수들에 대한 언급
    13.4.1 잘 치는 선수에 대한 언급
    13.4.2 못 치는 선수에 대한 언급

13.5 선두/순위/우승/타수에 대한 언급
    13.5.1 선두
    13.5.2 순위
    13.5.3 우승
    13.5.4 타수

13. TV 시청과 해설가의 언급 내용들
Watching TV & Commentator's Comments

13-1. 대회에 대한 언급

대부분의 화제는 다음 주 Augusta에 열릴 마스터스 대회에 집중되었습니다.	Most talk is focused upon the Masters next week in Augusta
㈜ to focus on "집중하다"	
예) **No more chit chat and focus on driving!** 잡담 그만하고 운전에 집중해!	

필히 암기 바랍니다.

방송국(XYZ 방송국)에서 저녁 8시부터 10시까지 생중계 할예정 입니다	XYZ will also televise the event live from 8:00 PM to 10:00 PM
㈜ live "생방송으로(부사)"	
놓치지 말고 보십시오	Don't miss it!
백문이 불여 일견	Seeing is believing!
그는 마스터스 골프 대회 우승후보 입니다	He is the favorite at Augusta National
㈜ favorite 명사로 "우승후보, 총아", 형용사로 "좋아하는, 마음에 드는"	
예) **Green is my favorite color** 초록색이 내가 좋아하는 색깔이야	

필히 암기 바랍니다.

수백 명의 관중들이 이 그룹(조)을 따라가고 있고, 반면에 수 십 명만 다른 그룹의 경기를 관람하고 있습니다.	Hundreds are following the group, while only a few dozen people are watching the other groups

메이저 대회에 관한 것이라면, 서지오 가르시아 선수가 우승자 후보자 명단 중 맨 위에 있습니다(major 대회우승 경험이 없어서)	When it comes to major championships, Sergio Garcia is at the top of the waiting list

(주) When it comes to something "무엇에 관한 것이라면"

(예) When it comes to golf, nobody can beat him 골프에 관한 것이라면 아무도 그를 당할 사람이 없어(매우 유용하고 자주 쓰이는 표현입니다)

필히 암기 바랍니다.

선수약력 : 서지오 가르시아(Sergio Garcia)

1980년생. 스페인 국적. PGA 10승. European Tour 12승 포함, 프로 통산 31승. Iron Shot의 귀재. 무관의 제왕이란 별명이 있었으나, 마침내 메이저 대회 출전 74번 째 만에 Masters 대회에서 2017년 4월 9일에 메이저 대회 처음으로 우승

그는 지난 2번의 영국 오픈 에서 받은 마음의 상처를 치유할 필요가 있습니다	He needs to heal the scars left over from his last two Open experiences

(주1) to heal "치료하다", scar "상처 자국, 흉터. 마음이나 명성의 상처" healing "치유, 치료"

(예) to leave a scar on one's good name 명성이 손상되다

(주2) 2006년, 2007년에서 아깝게 우승을 놓친 Spain의 Sergio Garcia 선수를 두고 한말 입니다

바람 때문에 어려운 코스가 더욱 어렵게 되었습니다	Wind made the tough course much tougher
긴장이 고조되고 있습니다	Tension goes up!
당신의 직감을 믿는 것도 경기의 일부분입니다	Trusting your instinct is part of the game

(주) Phil Mickelson선수의 어려운 bunker shot 장면으로 골프 공 선전에 나온 말, instinct "본능, 직감"

(예) "Basic Instinct": "원초적 본능"이란 영화 제목

매우 치열한 스킨스 게임입니다	It is very tight skins game

매치 플레이 경기에선 어떤 일이 벌어질 줄 모릅니다	Anything can happen in match play
어제 비가 와서 코스가 딱딱하지 않고 부드러워 졌습니다	With the rain we had yesterday the course was a little softer
로까 선수와 타이거 선수가 마지막 날 이인조로 편성되어 시합을 하게 됩니다	Roca will play with Tiger Woods in the final two-some tomorrow = Roca and Tiger Woods will pair together tomorrow
(주) pair "짝"(명사), "두 명이 짝을 짓다"(동사)	
이 선수들 정말 대단합니다	These guys are so phenomenal
(주) phenomenal 놀라운, 경이로운, 굉장한(철자 주의 phenominal 이 아님)	
(예) **He has won 23 events/Phenomenal!** 그는 이십삼 개 대회에서 우승했습니다/대단하군요!	
이 순간을 마음껏 만끽해도 좋습니다	We allow you to enjoy all of this
(주) 2004 년 Masters 대회에서 Harrington 선수가 16번 hole 에서 Hole-In-One 을 기록하자 해설자가 한 말 입니다. to allow somebody to do "무엇을 하도록 허락하다"	
흥미진진하게 되어갑니다	Things are getting interesting
흥미진진해 지고 있습니다	That's going to be interesting
광고 방송 후 다시 찾아 뵙겠습니다. 채널을 고정 시켜 주시기 바랍니다	We will be right back, Stay tuned!
광고 후 계속해서 보내드리도록 하겠습니다	We will come back with more coverage
(주) coverage "신문의 보도 .TV의 방송"	

13-2. 홀에 대한 언급

	이글 두 개, 더블 보기 두 개. 마지막 홀은 다사다난한 홀 입니다	Two eagles, two double bogeys. This final hole is eventful

(주) eventful "다사다난한, 파란만장한"

(예) 2009년에 J라는 이름을 가진 엔지니어가 미국 LA에서 인도네시아 자카르타에서도 4시간 걸리는 공장으로 오기로 되어있었는데, 비행기를 옮겨 타는(transfer) 과정에서 시간을 제대로 맞추지 못하게 되어서 아주 늦게 오게 되어서 필자가 물어보고 답한 예 입니다. How was your flight? 비행은 어땠어? It was an eventful journey 파란만장한 여정이었어 What happened? 무슨 일이 있었는데? It's a long story 말하자면 길어

필히 암기 바랍니다.

(예) 2016 was an eventful year 2016년은 다사다난한 해 이었습니다

이 홀에서 그는 좋은 결과가 있어야 합니다(직역: 그는 여기서 좋은 무엇이 필요합니다)	He needs something good here
그린 앞에 시냇물이 있어 홀을 직접 공략하지 않고 일단 가까이 가서 하기로 결심했습니다.	He decided to take lay-up because there is a creek in front of the green

(주1) lay-up 은 원래 농구에서 나온 용어로 basket 밑이나 아주 가까운 데서 쏘는 것임, lay-off (조업단축에 따른) 일시 해고, 강제 휴업
(주2) creek "개울, 실개천"

그린과 핀까지의 거리가 짧아서 작아서 갖다 붙이기 쉽지 않습니다. 거기서 아주 잘 했습니다.	There is not much green to work with. Pretty good job there!
그린에서 핀까지 거리가 짧아 쉽지 않겠습니다 (Bunker Shot 또는 Pitching shot의 경우)	Little green to work with=Little green to deal with=Little green to compromise=Not much green to work with

(주) 중계 방송 중에 해설위원이 자급 언급하는 표현 입니다

필히 암기 바랍니다.

까다로운 핀 위치입니다	That is a naughty pin placement

(주) naughty "나쁜. 사악한"

| 남아있는 홀이 별로 없습니다 | He is running out of the holes |

(주) to run out of something "다 써버리다, 없어지다"

예) We are running out of time=We don't have time 우리에게 시간이 별로 없어(아주 자주 쓰입니다)

필히 암기 바랍니다.

| 드라이브 샷으로, 온 그린이 가능한 315 야드 파 4에 직접 그린에 올리려고 하고 있습니다 | He is trying to drive the green at the reachable 315-yard |

(주) reachable "닿을 수 있는"

| 비교적 짧은 파 4 입니다. 기회를 잘 이용했습니다. | This hole is relatively short par 4. He took advantage of that |

(주) relatively "비교적", to take advantage of someone/something "남의 약점을 이용하다. 기회를 이용하다, 편승하다"

필히 암기 바랍니다.

| 비교적 짧은 파 5 입니다. 2타 만에 그린에 올려 놓을 수 있습니다. 드라이버 샷을 페어웨이에 안착시키기만 하면 됩니다. | That is relatively short par 5/ You reach the green with 2 shots. All you have to do is just put the ball on the fairway |
| 버디를 잡을 만한 홀이 많이 있습니다. | There are a lot of birdie holes out there |

(주) out there "그 곳에는", 중계 석이 따로 정해져 있기 때문에 here(여기에)를 안 쓰고 out there 를 사용한 것 입니다

| 부담되는 파 4 홀 입니다. | It is a demanding par 4 |

(주) demanding "부담되는, 요구조건이 많은", picky=choosy "까다로운, 가리는 게 많은"

세 개 표현이 필히 암기 바랍니다

| 십일(11) 번으로 가보시겠습니다. | Let's go back to the 11th hole |

(주) to go back to something "되돌아 가다, 다시 시작하다"

예) Let's go back to the basics 기본으로 되돌아 가자

필히 암기 바랍니다

| 십팔(18) 번 홀로 가서 연장전을 치릅니다(직역: 그들은 18번 홀을 제외하고 갈 곳 이 없습니다) | They have nowhere to go except hole 18 |

㈜ nowhere to go = no place to go "갈 곳이 없는"	
모든 것이 한 순간에 바뀔 수 있습니다.	The whole things can quickly change
㈜ 예를 들어 마지막 18번 홀에서 동일 타수 인 경우	
무슨 일이 벌어질지 기다려 보겠습니다.	Let's wait and see what happens
㈜ Let's wait and see! 기다리고 지켜보자!	

팔회 암기 바랍니다.

무슨 일이든 그에게 일어날 수 있습니다.	Everything can happen to him
변수가 많이 있습니다.	So much thing can happen = Anything can happen
언제든 어떤 일이든 일어날 수 있기 때문에 승부 결과를 알 수가 없습니다.	You will never know what you are going to get because anything can happen at any time
㈜ 예를 들어 홀마다 승부를 가리는 Match Play	
장애를 뚫고 나가기에는 그린이 너무 좁습니다	Too much narrow green to negotiate!
㈜ to negotiate" ❶ 가격, 조건 등을 협상하다 ❷ 장애물을 뚫고 잘 처리하다/헤쳐 나가다"	
㉠ Residents negotiated a flooded street 주민들은 홍수가 난 길을 헤쳐나갔다	
핀 위치에 따라 몇 가지 선택권이 있습니다	Several options depending on the pin placement
㈜ option "선택, 선택권"	

13-3. 한국 선수들에 대한 언급

규모가 작음에도 불구하고 한국은 LPGA에서 성적이 뛰어난 선수를 배출하였습니다.	And yet, despite its small size, South Korea has produced several "BIG" players on the LPGA Tour
㈜ **Korea**: "코리아"라고 발음하지 말고 "코우리아"가 쉽게 알아듣고, **career**(경력): "케리어"라고 발음하지 말고 "커리어"가 쉽게 알아 듣습니다. 우리가 흔히 얘기하는 "카레 라이스"의 정확한 표현은 **Curry and Rice** 또는 **Curried Rice** 이고 정확한 발음은 "카레"가 아니고 "커리"가 맞습니다	
박세리 선수는 전통적으로 역전 우승하는데 강합니다.	Se Ri Pak has a history coming back from behind
㈜ **to come back from behind** "역전하다"(필히 암기 바랍니다) 박세리 선수는 6번 연장전(**play-off**)에서 모두 승리했습니다.	

필히 암기 바랍니다.

선수약력 : 박세리(Pak Se Ri)

1977년생. 한국 여자 프로 선수로는 처음으로 미국LPGA에 진출. **LPGA** 에서 1998년부터 2016년 까지 활약하며, **Major** 대회에서 5번 우승 포함하여 **LPGA** 25승, 국내 대회 14승, 통산 39승을 하였고 2007년 11월에 명예의 전당(**World Golf Hall of Fame**)에 가입. 박세리 선수는 데뷔 첫해 1998년 5월17일 첫 메이저 대회를 우승하고 같은 해1998년 7월 5일 **US Women's Open**에서 연장 20홀을(합계 92홀, **LPGA** 기록) 치르면서 맨발 투혼으로 연속 메이저 대회를 우승 함으로써, 국내에서 골프가 폭발적인 관심을 받게 되었음. 박세리 선수와 같이 그 당시 **LPGA**무대에서 활약한 선수는 김미현(1977년생, **LPGA** 8승 포함, 프로 통산 21승), 한희원(1978년생, **LPGA** 6승 포함, 프로 8승), 박지은(1979년생 **LPGA** 6승 포함, 프로 통산12승) 선수 들이 있었음. 그 계보를 이어 박인비 (1988년생,**LPGA** 18승 포함 프로 통산 28승), 신지애(1988년생, **LPGA**11승 포함 프로 통산 47승), 최나연(1987년생,**LPGA** 9승 KLPGA 8승), 지은희(1986 년생**LPGA** 2 승 포함 프로 통산 6승), 박희영(1987년생**LPGA** 2승, 프로 통산 9승) 김인경(1988 년생, **LPGA** 5승, 유럽 투어 3승), 양희영

(Amy Yang, 1989년생, LPGA 3승, 프로통산 7승), 허미정(1989년생, LPGA 2승, 프로 통산 3승), 유소연(1990년생, LPGA Major 대회 2승 포함 4승, KLPGA 9승 포함 프로 통산 17승), 이미림(1990년생, LPGA 3승 포함 프로 통산 7승), 장하나(1992년생, LPGA 4승, KLPGA 8승) 김세영(1993년생, LPGA 6승, KLPGA 5승), 전인지(1994년생, LPGA 2승, KLPGA 9승 포함 프로 통산 13승) 김효주(1995년생 LPGA 3승, KLPGA 10승 포함 프로 통산 15승), 박성현(1993년생) 선수 등이 LPGA에서 그 계보를 이어받고 있음 ㈜1) You Tube 한국 동영상(www.youtube.com)에 "Se Ri Pak 1998 US Women's Open"을 검색하시면 3분 29초와 45분 7초 짜리 동영상을 감상 하실 수 있습니다. 물론 위에 언급된 다른 선수들 동영상도 검색해 보실 수 있습니다. ㈜2) 상기 자료는 2017년 6월11일 기준 입니다.

박세리 선수가 11번 홀에서 5피트 버디 퍼트를 성공시키고 단독 선두를 잡았고 계속 선두를 지켰습니다.	Pak made a five-foot birdie putt on 11 to take the outright lead and never looked back

㈜ **never look back** "성공 가도를 달리다, 뒤돌아 보지 않다" 자주 쓰이는 표현 입니다.

필히 암기 바랍니다.

㈜1) **Se Ri Pak had a huge impact in women's golf not only in States but also in Korea** 박세리 선수는 미국분만 아니라 한국에서도 여자 골프에 지대한 영향을 끼쳤습니다.

㈜2) **not only A but also B** "A 분만 아니라 B도" (매우 중요한 숙어 입니다.

필히 암기 바랍니다.

(예) **You must not only act but also dream**
넌 행동해야 할 뿐만 아니라 꿈도 가져야 만 해.

박세리 선수는 여자 타이거 우즈라 할 수 있습니다.	Seri Pak is the female version of Tiger Woods

㈜ 박세리 선수의 훌륭한 플레이를 극찬하여 해설위원이 한 말 입니다.

박세리 선수와 그녀는 공동 선두 입니다.	She is sharing the lead with Seri Pak

㈜ share "공유하다. 나누다", share the lead "공동선두를 나누다", share the experience "경험을 나누다" share the opinion "의견을 같이하다"	

세 개 모두 필히 암기 바랍니다

오직 차이점은 최경주 선수는 공이 놓인 위치가 좋고 Nick 선수는 위치가 나쁘다는 것 입니다.	Only the difference is KJChoi has a good lie and Nick has a bad lie
㈜ lie "공이 놓인 자리"	

선수약력 : 최경주(Choi Kyung Ju, 방송에서는 일반적으로 K.J.Choi)

1970년생. 미국 PGA 무대에 2000년에 진출한 최초의 한국인 남자 선수. 2002년 PGA대회에서 첫 우승을 하여, 한국인 최초 PGA 우승을 하고, 2011년에, 5대 Major 라 불리는 Players Championship 우승을 포함하여 PGA 8승, 프로 통산 22승. 2011년에 세계 랭킹 순위에 40주 동안 Top 10에 있었고, 2008년 3월에는 세계 랭킹 5위까지 진입한 적이 있음. 아시아 선수 출신으로 가장 성공한 남자 골프 선수 ㈜ You Tube 한국 동영상(www.youtube.com) 에서 최경주 선수를 검색하면 "최경주 PGA 플레이어스 챔피언십" 7분 20초짜리 동영상이 나옵니다.

최경주 선수는 온 종일 훌륭한 기량을 보여 주었습니다.	KJChoi showed great execution whole day
최경주 선수가 11번 홀에서 eagle 을 성공 시킨 후의 포효하는 소리를 여러분은 들었습니다.	You heard the roar from the KJChoi at the hole 11
㈜ 필자가 시청한 대회 중에서 아직도 제일 기억에 남는 장면으로 2004년 Masters 대회에서 그 어려운 Par 4 hole 에서 이글을 한 것에 대한 해설자의 말이고 최경주 선수는 Masters대회에서 본인 최고 성적인 3위로 대회를 마쳤습니다.	
최경주 선수는 바람 속에서 강한데, 여기서 이기는데 필요한 모든 자격요건을 다 갖추었습니다.	A strong player in the wind KJChoi has all the credentials needed to win here
㈜ credential "❶ 자격 증명서, 성적 증명서 ❷ 보통 복수로 대사 등에게 주는 신임장"	
최경주 선수는 선두 주자들 가운데 1명입니다.	KJ is one of the front runners

최경주 선수는 선두에서 아주 견실한 경기를 하고 있습니다.	K.J.Choi is very solid at the top

(주) 해설자는 solid "견실한, 견고한, 흔들리지 않는" 란 단어를 중계 방송 당시 10번도 넘게 사용하였습니다. 중요한 단어 입니다.

세 개 모두 필히 암기 바랍니다

최경주 선수는 우승권 내에 있습니다.	KJ is within the winner's circle

(주) winner's circle 미국식 영어로 원래 경마에서 나온 표현으로 뜻은 "우승 경기 말 표창식 장소" 이지만, "우승권"으로 해석하면 됩니다

최경주 선수는 일 번 홀에서 버디를 잡아 상큼한 출발을 하였습니다	KJ got off to a nice start with birdie at the first hole

(주) get off to "무엇으로 시작하다"

(예) get off to a good(nice) start "출발이 좋다",
get off to a bad start "출발이 나쁘다"

필히 암기 바랍니다

최경주 선수의 아내보다 더 행복한 사람은 없을 겁니다.	None is happier than KJChoi's wife
최경주 선수의 우승 상금은 81만 불 입니다.	Winner's paycheck is U$810,000

(주1) paycheck의 원래 뜻은 "급료지불 수표"

(예) How much is your monthly paycheck? 너 월급이 얼마니?
How much is your monthly take-home salary?
세금 제하고 집으로 갖고 가는 봉급이 얼마니?

(주2) gross salary: 세금 포함 봉급,
net salary: 세금 공제 후 봉급, basic salary: 기본급

이 장면을 보십시오. 깜짝 놀랄 만한 소질입니다. 믿겨지지 않습니다.	Look at this! Sensational stuff! It's unbelievable

(주) 16번 파4 홀에서 최경주 선수가 pitching wedge로 친 shot이 홀에 걸쳐있어 eagle성 birdie를 잡았을 때 해설자가 한 말 입니다. stuff는 "물건, 사물"의 뜻도 있지만 "특별한 자질"의 뜻도 있습니다 예를 들면 " Come on, get on the dance floor and do your stuff" (어서! 춤 무대에 올라가서 네 특기를 발휘해봐!)

양용은 선수가 선두 타이거 우즈에 압박을 가하고 있습니다.	Y E Yang, The player from Korea is putting the pressure on the leader, Tiger Woods

㈜ to put pressure on someone "누구에게 압박을 가하다"

예) 너 스스로에게 스트레스 주지마! Don't put pressure on yourself!

필히 암기 바랍니다

선수약력 : 양용은(Yang Yong Eun, 방송에서는 일반적으로 Y.E.Yang)

1972년생. 2009년 메이저 대회인 **PGA Championship** 우승 포함, **PGA** 2승. **European Tour** 3승, **Japan tour** 5승 등, 프로 통산 11승. 특히 2009년 **PGA Championship** 마지막 라운드에서 타이거 우즈와 같은 조에 속해 2타 차 뒤진 상태에서 시작해 결국 타이거 우즈에 3타차 앞서 역전 우승을 차지해, 아시아인 최초의 메이저 대회 우승을 이루었음. 이로 인해, 타이거 우즈는 메이저 대회에서 3라운드 54홀 끝나고, 마지막 라운드에서 단독 선두나 공동 선두에서 경기를 하고, 우승을 못하는 첫 번째로 기록되었음 ㈜ **YouTube** 한국 동영상에 들어가면 "**PGA Champ. Y.E.Yang**" 5분 56초짜리 동영상이 있습니다.

| 김시우선수는 Players Championship 대회 역사상 최연소인 21세에 우승을 하였습니다. | Kim Si-Woo, at 21, has become the youngest champion in Players Championship history |

선수약력 : 김시우(Kim Si Woo), 방송에서는 일반적으로 Y.E.Yang)

1995년 생, 2017년 5월 **Players Championship** 대회에서, 21세의 나이로 그 대회 최연소 우승을 기록하고, 우승상금 189만 달러(한화 21억원)을 획득하였음. **PGA** 통산 2승, 프로 통산 3승

Golf Rules Quiz
골프 규칙에 대한 퀴즈

11. 네/아니오

스트로크 게임이 있는 날 당일, 한 선수가 라운드 시작 전에 몇 개 낡은 공으로 일 번 티 에서 **OB** 지역으로 공을 쳤을 경우 그는 실격된다 On the day of a Stroke Play competition one player, before starting his round, hits a few old balls from the first tee to the Out of Bound area. He is disqualified

Jokes about golf
골프에 관한 농담

골프는 나쁘게 놓인 공을 선수가 잘 치는 경기이다 Golf is a game in which the ball lies poorly and the players well (Bobby Jones)

선수약력 : 바비 존스(Bobby Jones, 1902-1971)

가장 성공한 아마추어 골퍼이자 변호사. 스포츠업계에서 가장 영향을 끼친 사람 중 한 명. Masters Tournament 대회의 공동 창립자이며, 그 대회가 열리는 Augusta Golf National Golf Club을 설립했고, 코스 디자인에 관여하였음. 혁신적인 골프 코스 디자인은 향후 전 세계 대부분 골프장 디자인이 참조하였음. 아마추어 골퍼로서 메이저 대회 13승(US Open: 4번, 영국 The Open: 3번, US Amateur: 5번, 영국 Amateur: 1번)을 하였고 그 당시로서 Grand Slam 을 달성. 1974년에 명예의 전당에 가입

13-4. 다른 나라 선수들에 대한 언급

13.4.1 잘 치는 선수에 대한 언급

시작이 아주 좋습니다	It was a great start
㈜ It was a little bit shaky start 시작이 좋지 않습니다(직역: 시작부터 약간 흔들립니다)	
만반의 준비가 되어있군요	He is well prepared
㈜ be prepared to do "무엇을 할 준비가 되어 있다, 각오하고 있다"	
예 I am prepared to do anything 난 무엇이든 할 준비가 되어있어	

꼭히 암기 바랍니다

경기가 끝날 때까지 그는 엄청난 샷을 구사하였습니다	He made the most spectacular strokes down the stretch
㈜ down the stretch "게임의 끝까지"(towards the end) 의 뜻이며, 주로 미국 프로 농구 NBA경기에서 자주 쓰이는 표현 입니다	

꼭히 암기 바랍니다

경기를 할 수록 잘 하고 있습니다	He is getting better play after play
㈜ play after play "연속해서 경기를 할수록", shot after shot "연속해서 샷을 칠수록"	
경력 중에 가장 커다란 행보를 내딛고 있습니다.	He is taking his biggest step in his career today

(주) to take a step forward 일보 전진하다, to take steps 조치를 취하다=to take measures=to take action(steps, measures 는 복수를 쓰고, action 은 일반적으로 단수를 사용합니다)

꼭 암기 바랍니다

공을 높이, 멀리, 정확하게 때리는 PGA선수 중의 한 명 입니다.	He is one of the PGA players who are hitting the ball high and long and straight
견고한 플레이를 하는 선수 입니다.	He is a solid player = He is a steady player = He is rock-steady player = He is steady-going player

(주) solid=steady=rock-steady=steady-going "견실한, 꾸준한"

그 정도 샷 이면 만족스러워 할 것 입니다.	He will be happy with that
그가 좋아하는 샷을 정확하게 치고 있습니다.	He hit the ball exactly the same as he likes

(주) OB등으로 잘못 쳤을 때 농담으로 "너희들이 좋아하는 방식으로 정확하게 볼 때렸어" I hit the ball exactly the same as you guys like (왜냐 하면 내가 못 치면 동반자, co-player 들이 좋아하니까, 나의 불행은 남의 기쁨, 남의 불행은 나의 기쁨)

그립을 잡고 막 바로 연습 스윙 없이 때리는 스타일의 선수가 존 댈리 입니다.	John is a kind of player "grip it and rip it"

(주) grip it and rip it "그립을 잡고 공을 강하게 때리다" John Daly 선수는 연습 스윙 없이 그립을 잡고 막 바로 때리는 대표적인 선수 입니다. Grip it and rip it! 그립 잡고 막 바로 때려!

꼭 암기 바랍니다

선수약력 : 존 댈리(John Daly)

1966년생. PGA 활동 당시 독특한 언행과 복장과 over swing 으로 유명, 특히 1997년에 PGA 공식 통계 상, 평균 드라이브 거리가 300야드가 넘는 첫 번째 선수가 되었고 1999년부터 2008년 까지 평균 3000야드를 넘었으며, 2003년 까지, 300야드를 넘는 유일한 선수 이었음. 메이저 대회 2승(1991년 PGA Championship 과 1995년 The Open Championship)포함 PGA 5승. 프로 통산 20승

나이는 문제가 안됩니다. 그렉 노만 선수는 50세의 나이에 평균 드라이버 거리 316 야드에 93%의 정확도를 우리에게 보여 주었습니다.	Age doesn't matter. Greg Norman showed us 316yards of driving distance and 93% of driving accuracy

㈜1) 2004년 5월 13일부터 16일 까지 Shanghai에서 열린 ASIA PGA & Europe PGA joint event 대회 2004년 모 자동차 Asia Open 에서 해설위원이 한 말 입니다. 그렉 노만 선수는 1955년 2월 10일 생으로 그 당시 50세

㈜2) Age doesn't matter=Age is no problem for me =Age is no barrier for me 나이는 문제가 안돼. Age is nothing but a number 나이는 숫자에 불과 해(nothing but = only "단지")

㈜3) Act your age! What's wrong with my age? 나이 값 좀 해! 왜 내 나이가 어때서?

예로 들어준 세 문장 모두 달회 암기 바랍니다

선수약력 : 그렉 노먼(Greg Norman)

1955년 생, 호주 출신 프로 골퍼이자, 사업가. 1980년 대와 1990년 대에 걸쳐, 331주 동안 세계 랭킹 1위, 메이저 2승(영국 The Open 1986년, 1993년), PGA 20승, 프로 통산 91승 하였고, 다른 메이저 대회에서 2등 만 8번 한 선수이며, 호쾌한 장타와 공격적인 플레이로 "백 상어"(White Shark)라는 별명이 있음

노먼 선수가 수술을 마치고 돌아왔습니다.	Greg Norman came back from surgery

㈜ surgery "일반적인 수술", plastic surgery "성형수술"

그는 유럽 투어 여덟 번 상금 왕을 기록했습니다	He has won a record eight European Tour Order of Merit titles

㈜ order of merit "공로훈장"(영국 영어), European Tour 상금 왕을 뜻 합니다. Scotland 선수인 Colin Montgomerie (콜린 몽고메리) 입니다.

선수약력 : 콜린 몽고메리(Colin Montgomerie)

1963년생 스코틀랜드 출생. European order of merit 8번 최다 수상(1993년부터 1999년까지, 7연속 수상 포함). 메이저 대회 우승은 없고 2위만 5번, 세계 랭킹 2위까지 한 적 있으며, European Tour 31승, PGA 4승 포함, 프로 통산 50승

담력을 후반전에서 발휘하였습니다	He showed some nerve coming in the back nine

(주) nerve "담력, 용기, 배짱"=guts=balls

필히 암기바랍니다

(예) **Don't lose your nerve!** 기 죽지마!

대단한 선수입니다.	He is something!

(주1) 2003년 **PGA Buick Invitation** 대회에서 231 yard 남겨놓고 4번 아이언을 사용하여 홀에 갖다 붙인 선수에 대해 해설자가 한 말 입니다
(주2) something "대단한 사람, 대단한 물건", nothing "아무것도 아닌 것, 중요하거나 흥미롭지 않은 사람"

(예) **You are everything to me=You mean everything to me** 너는 나의 모든 것이야. **Am I nothing to you?** 난 너한테 아무것 도 아니니?

필히 암기바랍니다

대미를 멋지게 장식했습니다.	What a good way to finish!
오늘은 그의 날이었습니다.	He has been his day
그녀는 거침이 전혀 없습니다(직역: 샷이 둔화된 징조가 없습니다)	She showed no sign of slow-down

(주) no sign of something "무엇의 징조가 없다" slow-down "활동의 둔화"

그녀는 뒷심을 발휘하고 있습니다.	She is making a late charge

(주) to make a late charge "뒷심을 발휘하다"

그녀는 컨트롤을 잘 하고 있습니다.	She is in control

(주) be in control "통제하다, 장악하다"

그는 라이벌 선수의 실수를 잘 이용하였습니다. (편승하였습니다)	He capitalized on the rival's error

(주)	to capitalize on something "상황을 잘 이용하다, 편승하다"=to take advantage of something
(예)	capitalize on 다음에 주로 오는 단어는 weakness(약점), error/fault(실수), opportunity(기회), situation(상황) 등 입니다

많은 사람들이 그를 그리워할 것 입니다.	He will be missed by many people = Many people will miss him

(주)	to miss "❶ 그리워하다 ❷ 차. 비행기. TV 프로그램, 기회, 목표 등을 놓치다"
(예)	I miss my mother so much 어머니가 매우 그리워. I missed my flight 비행기편을 놓쳤어. This is the best TV drama you don't want to miss 이것은 네가 꼭 보아야 할 (직역: 놓치고 싶지 않은) 최고 TV 드라마야. She missed the cut= She didn't make the cut 그녀는 컷(1,2라운드 예선) 통과에 실패했다(Missed the Cut은 약어로 MC 입니다)

예로 든 세 문장 필히 암기 바랍니다

부끄러워할 것 없는 72타 입니다.	He is 72. Nothing to be ashamed of that

(주)	be ashamed of "무엇을 부끄러워하다"
비제이 싱 선수가 지금 단독 선수 입니다만, 한 타 뒤진 리 젠슨 선수를 제외시키면 안됩니다.	Vijay is now outright leader, but don't count out Lee Jansen who is one stroke behind Vijay
(주)	to count out "제외시키다, 명단에서 빼다"
(예)	Count me out! 나는 빼줘! (참석 안 하니까)

필히 암기 바랍니다

선수약력 : 비제이 싱(Vijay Singh)

1963년생 국적; Fiji(힌두교 인도 계), 2004년부터 2005년 사이 32주 동안 세계 랭킹 1위, 메이저 대회 3승(Masters: 2000년, PGA Championship: 1998,2004) 포함, PGA 우승 34승, 프로 통산 60승. 3번에 걸쳐 PGA 상금 왕 차지(2003, 2204,2008), 명예의 전당에 2006년 가입. 연습벌레로 유명했으며, 인종 차별을 극복하고, 실력으로 모든 것을 보여준 선수

사 (4) 년 동안의 우승 가뭄(고갈)에서 벗어났습니다	He broke a four-year victory drought on the PGA Tour
㈜ drought (발음:드라우트) "가뭄, 결핍", draught beer (발음:드라프트 비어)	

두 개 단어의 철자와 발음 조심하시기 바랍니다

세계 정상에 올라있습니다	He is on the top of the world
그는 시니어 대회에서 5승을 올려 유명해졌습니다	He is making noises with 5 wins in the Senior PGA
㈜ to make a noise (in the world) "유명해지다. 소란 피우다"	

선수약력 : 헤일 어윈(Hale Irwin)

1945년 생, 1970년 중반부터 1980년 중반까지 PGA 무대에서 활약한 선수이지만, Senior PGA 에서 더 큰 활약을 보인 선수. 메이저 대회 3승(모두 US Open, 특히 1990년에는 45세의 나이에 우승) 포함 PGA 20승, Champions Tour(예전 Senior PGA) 에서 무려 45승(역대 1위). 프로 통산 97승. 명예의 전당 1992년 가입. 특이한 점은 6개 대륙(아시아. 아프리카. 오세아니아. 유럽. 북아메리카. 남아메리카) 에서 모두 우승한 5명 가운데 1명. 나머지 4명은 Gary Player(남아공), David Graham(호주), Bernhard Langer(독일), Justin Rose(영국)

아직 그는 높은 수준의 경기를 하고 있습니다.	He is still playing at a very high level
㈜ be at high level "높은 수준에 있는"	
어제 그는 유명해졌습니다.	He made his name yesterday
㈜ to make one's name "유명해지다"	
얼굴에 약간 미소를 띠고 있습니다.	He has a little smile on his face
㈜ He has wide smile on his face 커다란 미소를 얼굴에 띠고 있습니다.	
연습경기에서 그녀는 단연 화제 대상 이었습니다.	She was the main talking point at the practice round

(주1) talking point "화두 = topic"
(주2) be in the public eye "매개체를 통해 주목 받고 있다(유명해서)"

(예) She has always been in the public eye
그녀는 늘 대중의 관심이 되어왔다.

(주3) be the center of attention
사람들이 관심을 많이 보이는 대상(사람, 사물)

(예) She has always been the center of attention
그녀는 항상 관심의 대상이었어

(주4) be the center of attention 이 더 많이 사용됩니다.

필히 암기 바랍니다

| 이 번 주에 그녀는 기사거리 입니다. | She is the story this week |

(주) Everybody has been talking about her this week
금주는 온통 그녀에 대한 화제거리다.
(직역: 모든 사람들이 그녀에 대해 얘기하고 있다)

| 응원을 유도하고 있습니다.
(흥을 돋구고 있습니다) | He is leading the cheers |
| 응원하는 사람이 당신 주변에 천 명이 있으면 금상첨화 입니다. | When there is 1,000 people around to cheer for you, it's the icing on the cake |

(주) the icing on the cake "금상첨화"

| 의견에 물론 동의합니다. | I would not bet against your opinion=I would bet it |

(주) to bet
"❶ 무엇이라는 사실이 틀림없다. (확신감을 표현할 때 사용), ❷ 돈을 걸다"

| 오늘 가장 진전이 있는 선수는 데이비스 러브 3세 선수 입니다. | The biggest movement today is Davis Love III(the third) |

(주) movement "진전, 움직임", 골프에서 moving day 는 토요일을 뜻 합니다, 즉 일요일에 있을 final round 를 위해 유리한 고지를 점령하기 위해 집중해서 앞으로 나아가야 하는 날이라는 뜻 입니다

> **선수약력 : 데이비스 러브 3세(Davis Love III)**
>
> 1964년 생, 메이저 1승(PGA Championship 1997)과 5번 째 메이저 대회라 불리는 Players Championship 에서 2 번 우승(1992, 2003) 포함 PGA 우승 21승, 프로 통산 37승. 세계 랭킹 최고 순위는 3위. 명예의 전당은 2017년 9월 가입 예정

이 친구 실력이 정말 대단합니다.	I just can't believe this guy
(주1) 2002년 3월에 있었던 "Players Championship" Golf 대회에서 마지막 3홀을 남기고 eagle, birdie, par 로 역전 우승한 New Zealand의 Craig Perks선수를 두고 해설자가 한 말 입니다 (주2) **You are unbelievable** 넌 참 대단해. **I just can't believe my eyes and ears** 내 눈과 귀를 믿을 수가 없어(너무 놀라서)	

세 문장 모두 필히 암기 바랍니다

이기든 지든 그는 항상 팬을 가지고 있습니다.	Win or lose, he always has the fans
(주) **win or lose** "이기든 지든", **like it or not** "좋든 싫든 간에", **believe it or not** "믿건 안 믿건 간에"	

세 개 모두 필히 암기 바랍니다

장래가 기대 되는 젊은 스타 선수입니다.	He is bright young star
(주) **bright** "앞 날이 밝은, 희망적인"	
장래가 촉망되는 또 다른 어린 선수 입니다.	She is another young, promising prospect
(주) **promise** "약속하다", **promising = prospective** "유망한, 촉망되는", **prospect** "가망, 가능성"	
정상 수준의 골프를 구사하고 있습니다. 저런 수준의 골프를 구사할 수 있다면 대단한 선수가 될 것 입니다.	He is performing at the highest level. If he is performing in that level, he will be a great player
(주) **at the highest level** "가장 높은 수준에서", **to perform** "수행하다, 공연하다"	

정상까지 올라갈 수 있는 젊고, 전도가 유망한 선수 중의 한 명이 분명합니다	He is certainly one of those young up-and-coming players who could make it all the way to the top

㈜ up-and-coming 전도가 유망한, 떠오르는(=rising)

지난 몇 년 동안 역사에 남을만한 일을 해 냈습니다	He made history over the past several years

㈜ to make history "역사에 남을 일을 하다"(make a history 로 해서 부정관사 "a"를 쓰면 안됩니다),
over the past several years "지난 몇 년 동안"
over the next few years "향후 몇 년 동안"(이 표현 또한 아주 중요하고 자주 쓰입니다)

꼭히 암기 바랍니다

코스 공략(관리)은 아무도 그를 당할 사람이 없습니다(직역: 아무에게도 2등이 아니다, 즉 일등이다)	His course management is second to none

㈜ **second to none** "누구에게도 뒤지지 않다, 1등이다"

꼭히 암기 바랍니다

클럽을 주저 없이 선택해서 꺼냅니다(자신감이 있어서)	He has no hesitation to pick up the club
타이거 우즈 선수로부터 우리는 눈을 도저히 뗄 수가 없습니다	We cannot take our eyes off Tiger

㈜1) 2012년 7월22일 ESPN에서 생중계 방송된 The Open Championship 사(4) 라운드에서 타이거 선수가 6번 홀에서 벙커에 빠져 트리플 보기를 한 후 7번 홀 파 5 에서, 3번 째 chip shot으로 버디를 잡은 후 해설자가 한 말 입니다.
㈜2) **to take one's eyes off someone/something** "누구/무엇에 눈을 떼지 못하다"(놀라움, 아름다움 등으로), Can't take my eyes off you 라는 팝송 제목도 있습니다.

꼭히 암기 바랍니다

팬들이 어디에든 다 있습니다(도처에 다 있습니다)	His fans are everywhere

㈜ Mosquitoes are everywhere 모기들이 도처에 깔려 있어	
한 번 불이 붙었다 하면 그는 몰아 칩니다	When he gets going, he really gets going
㈜ to get going "몰입하다. 몰두하다 = to become engaged"	
㈜) When the going gets tough, the tough get going 상황이(the going) 어려워지면(gets tough), 강인한 사람은(the tough) 더 몰두한다(get going) 필자는 이 글을 1989년에 처음 접하였고, 확인해 보니 이 글귀의 근원은 Joseph. P. Kennedy (1888-1969, 미국 대통령 John F Kennedy 의 아버지) 라고 합니다	

꼭의 암기 바랍니다

마지막 홀을 정말 멋지게 마무리 했습니다	What a finish at 18 hole!

13.4.2 못 치는 선수에 대한 언급

같은 선수인데 오늘은 영 딴판 입니다. (성적이 안 좋습니다)	Same guy, different day!
㈜ It's the same old story. I heard it a hundred times 또 똑같은 옛날 얘기야. 난 백 번도 더 들었어	
그 선수는 팬들에 의해 잊혀졌습니다.	The player was forgotten by the fans
타이거 선수 때문에 그가 빛을 잃어버렸습니다.	He was overshadowed by Tiger
㈜ to overshadow "빛을 잃게 만들다"	
그 정도 샷에 실망스러워 할 것 입니다.	He will be disappointed with that = He will be unhappy with that
㈜ be disappointed with someone or something "사람 또는 사물에 대하여 실망하다"	
예) I am disappointed with you 난 너에게 실망했어	
그는 자격이 박탈이 되었습니다.	He is disqualified
㈜ to qualify "자격을 부여하다", qualification "자격", to disqualify "자격을 박탈하다", disqualification "자격 박탈"	

그에게는 큰 실망이지만, 정신을 가다듬어야만 합니다.	It was big disappointment to him, but he has to gather himself
㈜ 2007년 7월 23일 **The British Open** 18번 홀에서 **par putting** 을 놓친 **Sergio Garcia** 에게 해설자가 한 말 입니다. **to gather oneself together=to pull oneself together = to get oneself together** "정신을 가다듬다, 기운을 차리다".	

세 개 모두 꼭 암기 바랍니다.

너무 공격적으로 경기하려고 해서 대가를 치르게 되었습니다.	He tried to play too aggressively and he paid the price
㈜ **aggressively** "공격적으로" (철자 주의 g가 두 번 s가 2 번), **to pay the price** "대가를 지불하다"	
누가 과연 타이거 우즈의 독주를 막을 것 인가 모든 사람이 물어보았을 때가 어제 같았습니다. (타이거 우즈의 성적이 좋지 않음을 간접적으로 한 말)	It seems like only yesterday everyone was asking who can stop Tiger Woods
㈜ **It seems like only yesterday** 마치 어제 일처럼 느껴져	

꼭 암기 바랍니다.

도전권에서 그는 밀려났습니다.	He was out of contention
㈜ **contend** "주장하다, 겨루다", **contender** "도전자, 경쟁자", **contention** "논쟁. 주장", **out of contention** "기회가 없는, 가망이 없는"	
드라이버 샷에 그는 만족하지 않습니다.	He is not happy with the driver shot
그는 매우 불만스러워하고 있습니다.	He was very much frustrated
㈜ **frustrated** "불만스러워하는" "좌절감을 느끼는"	
무엇인가 그의 주위를 산만하게 했습니다.	Something distracted him
예) **You are distracting me** 너 때문에 집중이 안돼	

그는 미국PGA프로 경기의 쓴 맛을 보고 있습니다.	He is tasting a drama of PGA golf
㈜ 미국의 기대주 Molder 선수가 무너지는 것을 두고 한 말	
빈 손으로 그는 또 마스터스 골프 대회를 떠났습니다. (예선 탈락하였습니다)	He left Masters empty-handed again
㈜ empty-handed "아무런 성과 없이, 빈손인 상태로(형용사)"	
㈖ I cannot go back empty-handed. My boss will kill me 난 성과 없이 돌아 갈수는 없습니다. 나의 상관이 나를 가만 놔 두지 않을 겁니다. (가격 등 회의/협상 자리에서 사용하시면 아주 효과가 있습니다.)	

필히 암기 바랍니다.

시작이 불안합니다.	He made a shaky start
㈜ 1번 티 샷에서 첫 번째 샷이 안 좋은 경우에, shaky "흔들리는" "불안한"	
압박감을 느끼기 시작했습니다.	He is beginning to feel pressure
오늘 고전하고 있습니다.	He is struggling today
㈜ to struggle "뜻대로 되지 않아 애를 쓰며 분투하다"	
오늘 타이거 선수가 저조합니다. (직역: 별로 소식을 못 들었습니다)	We didn't hear much about Tiger today
오늘 샷의 난조로 고전을 면치 못하고 있습니다.	He is struggling with his hit (=shot) today
좀 더 적극성을 가져야 하겠습니다.	He needs to be more aggressive = He has to be tough
㈜ 해설자가 과감하지 않은 경기를 하는 선수에 대해 한 말	
칠(7)번, 팔 번(8)번 홀에서 연속 더블 보기를 했기 때문에 그는 우승할 기회가 사라진 것 같습니다.	I think he's gone because he double-bogeyed at 7th and 8th in a row
특히 그는 정신 상태에서 애를 먹어 게임을 망쳤습니다.	He had been struggling with his game, particularly with the mental side
㈜ mindset "마음가짐"	

Golf Rules Quiz
골프 규칙에 대한 퀴즈

11. 네/아니오

선수 **A**가 그린을 향하여 공을 치고 **B** 도 그렇게 하였고, 그리고 나서 **A** 가 **B** 에게 몇 번 클럽을 사용했는지 물으면 이는 규칙 위반이다
A plays his shot to the green. B does likewise. A then asks B what club he used for his shot. Did a breach any rule?

Jokes about golf
골프에 관한 농담

내일이 제일 좋은 점은 오늘의 나보다는 내가 나을 것이다. (타이거 우즈)
The greatest thing about tomorrow is I will be better than I am today

13-5. 선두/순위/우승/타수에 대한 언급

13.5.1 선두

간신히 한 타 차로 선두를 유지하고 있습니다.	Mickelson leads the margin as slim as 1 stroke
공동 선두가 될 수 있는 황금 기회입니다.	Golden opportunity to tie for the lead
㈜ He is tied for the lead 공동 선두가 되었습니다	
선두 그룹 밖으로 밀려난 건 아닙니다.	He is not out of the leader group
㈜ He is still in the leader group 아직 선두 그룹 내에 있습니다	
선두 그룹은 전부 낯익은 이름입니다. (직역: 선두그룹 명단 점수판 첫 번째 페이지에 낯이 설은 이름은 없습니다)	On the first page in the leader board, there is no name unfamiliar with
㈜ be familiar with someone/something "누구에게 낯이 익다, 무엇에 익숙하다", be unfamiliar with someone/something "누구에게 낯이 설다, 무엇에 익숙하지 않다"	

필히 암기 바랍니다

선두를 2타차로 지키고 있습니다.	He leads by 2 strokes
선두를 잡을 기회는 없습니다.	There is no chance to grab the lead

㈜ to grab "❶ 잡다. 붙잡다 ❷ 급히 무엇을 하다"

(예) Grab the chance! 기회를 붙잡아! Grab a taxi! 택시를 불러 잡아! Let's grab another drink =Let's have another drink 한 잔 더 하자 Let's grab a bite 간단히 뭐 좀 먹자

다섯 문장 모두 필히 암기 바랍니다.

선두를 차지하고 있습니다.	He is taking the lead

㈜ to take the lead "선두를 차지하다"

선두를 차지하기 위한 아주 중요한 퍼트 입니다.	This is a big putt to take the lead

㈜ This is a huge putt = This is a big putt
매우 중요한 퍼트 입니다

선두에 2타 뒤져 있습니다.	He is two off the leader = He is two behind the leader

(예) Y.E. Yang, 2009 PGA Champion overcomes 10 shot deficit to win Korea Open "2009년 PGA 선수권 우승자, 양용은 선수는 선두와 10타 차 격차를 극복하고 한국 open 우승"(AP통신 headline 기사 인용. 2010년 한국오픈 대회에서 양용은 선수는 5 언더파 66타를 쳐서 역전 우승. KPGA 대기록을 달성. 그 전까지 기록은 8타차 역전 이었음)

㈜ deficit "적자, 결손, 부족액"

선두에 4타차로 추격하고 있습니다.	He is trailing by 4 strokes

㈜ to trail "추격하다. 쫓다"

선두에서 견고한 경기를 하고 있습니다.	He is solid at the top

㈜ at the top "맨 위에"

세 명이 공동 선두 입니다.	There are three-way leaders

㈜ three-way "3자간의, 3 방향의"

얼마나 많은 선수가 선두 각축전을 벌이고 있습니까?	How many golfers are in shoulder to shoulder position?

㈜ **shoulder to shoulder** " 여러 명이 어깨를 맞대고", **head to head** "머리를 맞대는 접전의", **neck to neck** "박빙의, 호각지세인", 3가지 다 비슷한 표현이며 치열한 경쟁에서 자주 쓰입니다

세 개 문장 모두 필히 암기 바랍니다

이 퍼팅을 성공시키면 공동 선두가 됩니다.	This putt is tie for the lead
일인 독주가 계속 되고 있습니다.	One man show goes on

㈜ **Show must go on!** 쇼는 계속 되어야 해! , **to go on** "계속되다"

필히 암기 바랍니다

전년도 우승자는 기복이 심한 이번 파를 쳐서 생존하였습니다. 그는 오르락 내리락 하다가 16번 홀에서 버디를 잡아 공동 선두를 지켰습니다.	Defending champion survived a roller-coaster round with an even par. He had to get up-and -down for birdie on the 6th for a share of the lead

㈜ **roller-coaster = up-and-down** "오르내리는, 기복이 심한", **roller-coaster** "명사는 놀이 공원 청룡열차", **share of the lead** "공동 선두"

선두는 점수 차를 늘리고 있습니다	He extends the lead

13.5.2 순위

공동 2위 입니다.	He is now tied 2nd = He is at joint 2nd
단독 2위 입니다.	He is now solo second=He is now outright second
현재 2등 입니다. 죄송합니다. 3등 입니다.	He is ranked at the 2nd place, I beg your pardon, ranked at the 3rd place

㈜ **to beg** " 애원하다, 구걸하다", **pardon** "용서", **I beg your pardon** "죄송합니다, 실례했습니다."(말이나 행동에 대한 사과)

13.5.3 우승

그런 점이 골프의 묘미입니다. 누구든 우승할 수 있다는 겁니다	That is the beauty of the golf game. Anyone can win

㈜ **That is the beauty of** 명사 "명사의 묘미란 그런 거야"

(예)	That is the beauty of rock music 락 음악의 묘미는 그런 거야	

필히 암기 바랍니다

마지막 홀에서 이글을 잡는다 하더라도 우승할 가능성은 없습니다.	There is no chance to win even though he gets eagle at the 18th hole
여기서 궁금한 것은 누가 우승 할지 입니다.	The question here is who will be the first
그 선수 이름을 들어보지 못했을지 모르겠지만 골프 경력 중 가장 큰 상금을 획득 하였습니다.	You may not heard of him, but he got the biggest check out of his career

(주) unknown = unheralded
"알려지지 않은"(영자 신문에 많이 나오는 단어 입니다)

우승 상금으로 거금 72만불 을 챙겼습니다.	He picked up a cool U$720,000 for his victory

(주) 여기에서 cool "거금의" 뜻 입니다. 같은 뜻으로 fat"액수가 많은, 양이 많은" 과 handsome"양적으로 많은" 을 쓸 수 있습니다

(예) fat fee "고액의 수수료", handsome money "거금, 많은 돈"

우승 상금으로 30만 달러를 받을 겁니다.	He will receive 300,000 dollars of paycheck

(주1) paycheck 는 "급료지불수표" 이니까 우승 상금 수표로 이해하면 됩니다
(주2) two paycheck couple "맞벌이 부부", Double Income No Kids(DINK족) " 자녀가 없는 맞벌이 부부"를 뜻 합니다

우승 할 수 있는 기회는 희박합니다.	He has a slim chance to win

(주) slim: "얇은, 호리호리한" slim chance "희박한 기회"

(예) Given the situation, the chance to win is slim 상황으로 볼 때, 우승할 기회는 희박합니다.

필히 암기 바랍니다

(예) She is slim 그녀는 날씬 합니다.

우승에 익숙하지 않은 선수는 아무도 없습니다.	There are no strangers to the victory

(주1) be a stranger to something "무엇에 익숙하지 않다"
be no stranger to something "무엇에 익숙하다"

(예)	I am a stranger to this area = I am new to this area = I am not familiar with this area 난 이 지역에 익숙하지가 않아

세 개 문장 모두 필히 암기 바랍니다

(주2) stranger "이방인"
(예) I am a total stranger here 이 곳은 전혀 생소해

우승자가 누가 될지는 끝나봐야 압니다. (직역: 수정으로 된 트로피는 끝날 때 까지는 당신의 캐비닛 안에 있는 게 아닙니다)	The crystal trophy is not in your cabinet until the end
우승자를 위해 마지막 홀 그린 위에서 먼저 퍼팅을 끝내려고 합니다. (그래야 우승자에게 관중들이 제대로 축하의 박수를 보낼 수 있으니까)	She wants to clear the stage for the champion

(주) stage "무대", 여기서는 그린을 의미 합니다

우승권 내에 들어가 있습니다.	He is in the winner circle
우승하려면 필히 버디를 잡아야 합니다.	Birdie is a must to win

(주) a must to do 무엇을 하기 위한 필수

(예) This book is a must to read 이 책은 꼭 읽어야 할 필수 입니다.
This TV program is a must to see 이 TV 프로그램은 꼭 시청해야 할 필수 입니다.

필히 암기 바랍니다

우승할 수 기회가 15번 홀에서 사라졌습니다.	Chance to win has gone at hole 15
그가 우승할 수 있는 기회들은 다 끝났습니다.	His chances to win were all over

(주) Party is over 파티는 끝났습니다

그는 우승할 자격이 있습니다. 물론 입니다.	He deserves to win the tournament. No question about it! (=No doubt about it)

두 문장 필히 암기 바랍니다

그는 단연코 우승후보 입니다.	He is by far and away favorite

(주) far and away "단연코" favorite "인기 선수, 우승 후보"

13.5.4 타수

기록은 당분간 깨지지 않을 것입니다.	The record might not be broken for a while

(주1) to break a record=to make a new record "기록을 깨다, 기록을 갱신하다", for a while "당분간"
(주2) to break the rules "규칙을 깨다"

예) Rules are made not to be broken 규칙은 어기지 않으려고 있는 거다

필히 암기 바랍니다

네 명의 선수가 언더 파를 치고 있습니다.	4 players are in red figures

(주1) in red figures(또는 numbers) = in the red
"❶ 골프에서 언더파를 치다 ❷ 재정 상태가 적자인"

예) My bank account is in the red 내 은행 계좌는 적자야(은행에 빚이 있어)

(주2) in black figures(또는 numbers) = in the black
"❶ 골프에서 오버 파를 치다 ❷ 재정 상태가 흑자인"

예) The good news is we are in black numbers this year 좋은 소식은 우리는 올해 흑자 입니다.

(주3) 그래서 PGA등 대회 점수 판(scoreboard)에 언더 파 선수 점수는 빨간 글씨로 적고, 오버 파 선수는 검정 글씨로 적습니다. 반면 이븐 파 친 선수는 E(미국 영어: even par를 떠서), 또는 L(영국 영어 level par 를 떠서) 로 검은 색으로 표시합니다

(주4) I want our discussion inked in black 나는 우리의 논의 사항이 기록으로 남기 바랍니다(여기서 in black은 "인쇄되어"입니다).

예문 네 개 문장 모두 필히 암기 바랍니다

동점자가 있습니다.	We have a tie
삼(3) 언더 파에 머물렀습니다.	He stayed at 3 under par
칠(7) 언더 파가 되었습니다.	He goes to 7 under
십오(15) 번 홀에서 (보기 하는 바람에) 1타 까먹었습니다.	He dropped 1 shot at 15 hole
십이(12) 번 홀에서 보기를 해서 한 타 까먹었습니다.	He got bogey at 12th hole. He dropped one shot
십칠(17) 번 홀에서 보기를 했기 때문에 식스(6) 언더 파로 떨어졌습니다.	He is dropped back to under 6 because of bogey at 17 hole

언더 파를 기록한 선수는 별로 없습니다.	Few players are red numbers (= under pars)
㈜1) few "거의 없는", a few "적은"	
몇몇 안 되는 선수만이 언더 파입니다.	Only handful players are under par
㈜ handful "한 줌의, 몇 안 되는"	
언더 파를 치고 있습니다.	He is in the red numbers=He is in the sub-par
엎친 데 덮친 격으로 그는 마지막 홀에서 보기를 범했습니다.	To add insult to injury, he bogeyed the 18th
㈜1) insult "모욕", injury "상처" ㈜2) to add insult to injury 설상가상으로, 엎친 데 덮친 격으로(직역: 상처에 더하여 모욕까지 주다) = What is worse = To make it worse 가 훨씬 일반적으로 쓰입니다.	

꼭히 암기 바랍니다

㈜3) to add fuel to the flames = to add fuel to the fire" 불 난 집에 부채질하다"	
오늘 타 수를 까먹지 않고 유지했습니다.	He hasn't dropped the shot today
그는 이븐 파 플레이를 하고 있습니다.	He is now even par (미국 영어) = He is now level par(영국 영어)
그녀는 전반 7개 홀에서 버디 3개를 잡았습니다.	She birdied three of the first seven holes
점수 카드는 거짓말을 안 하지만, 거리는 항상 믿을 수는 없습니다 (예; 잘 구를 때, 바람이 심할 때)	The scorecard never lies, but the yardage cannot always be trusted
칠십삼(73) 타로 마감했습니다.	He finished up with 73
칠십칠(77) 타를 쳤습니다.	He's got hockey sticks
㈜ 하키 채 모양이 7 자 비슷하기 때문에 이런 표현을 씁니다	
투(2) 언더 파 친 선수가 아주 많습니다.	Two under par is pretty popular score
㈜ pretty "아주, 매우=very", popular "인기 있는, 일반적인"	
당신이 해야 할 일은 파 플레이를 하는 겁니다.	All you have to do is to par play

⒡1) 2012년 영국 오픈 선수권(제 141회 The Open Championship) 대회에서 마지막 네(4)홀 남기고 네(4) 타 차 선두에 있던 선수가(호주 Adam Scott) 15,16,17,18 번 네(4)개 홀에서 모두 연속 보기(bogey streaks)를 하는 바람에 남아공의 Ernie Els(당시 나이 42세)가 마지막에 버디를 해서 한 타 차로 우승
⒡2) You Tube 동영상에 "Adam Scott the Open"을 검색하면 3분 43초짜리 "Awful one hour"(끔찍했던 1시간)을 감상하실 수 있습니다

선수약력 : 애덤 스콧(Adam Scott)

1980년 생, 호주 출신. 2014년 5월 중순부터 8월까지 세계 랭킹 1위. 메이저 대회 1승(Masters 2013 년: 호주 사람으로서 Masters 첫 우승) 포함 PGA 13승. 프로 통산 29승.

한 두 타를 그는 까 먹을 수 있었습니다.	He could have dropped one or two shot

㈜ 가정법 과거완료: 과거 사실의 반대되는 가정을 나타냄

공식: If 주어 had PP(과거분사), 주어 should(또는 could, would, might) have PP(과거분사)

예1) should have PP(했었어야 했어):
If you had told me, I should have left her
(네가 나한테 얘기했다면, 난 그녀를 떠나야만 했었어)

예2) could have PP(할 수도 있었어):
If I had known it, I could have done it
(내가 알았더라면, 내가 그 일을 할 수 도 있었어)

예3) would have PP(했었을 거야):
If I had been you, I would have done the same thing
(내가 너였다면, 나도 똑 같은 일을 했었을 거야)

예4) might have pp (했었을지도 몰라):
If we had been only 5 minutes late, we might have missed the bus(5분만 늦었다면, 우리는 버스를 놓쳤을지도 몰라)

13-6. 위치/샷/스윙에 대한 언급

13.6.1 공위치

공의 위치가 쉽지 않아 보입니다.	It doesn't look easy
공이 나란히 서 있습니다.	The balls are side by side
공이 태양에 가려 안보입니다.	The ball is hiding under the sun
거기에서 숏 게임으로 결정 나겠습니다. (직역: 거기에서 숏 게임 콘테스트를 하게 되겠습니다.)	Short game contest over there!
공을 칠 준비를 해야 하고 얼마나 멀리 공을 캐리(carry)로 보낼까를 결정해야 합니다.	You have to shape the ball and you have to make a decision on your carries

(주1) **to shape** "때리거나 칠 준비를 하다"
(주2) **Shape up or ship out!** 실적을 올리던가 아니면 회사를 관둬! (사장, 직장 상사가 실적이 나쁜 직원에게 하는 말, **shape up** "실적을 개선 시키다" **ship out** "떠나다")

필히 암기 바랍니다.

공이 아주 밑으로 내려가진 않았습니다.	The ball didn't go all the way down

(주) **all the way down** "아래로 완전히"

(예)
(예1) **You just go all the way down this road, then you will find the ABC golf CC** 이길 아래로 쭉 내려 가면, ABC골프장을 발견할 수 있습니다.
(예2) **Let's go all the way tonight!** ❶ 오늘밤 끝까지 마셔보자! ❷ 오늘밤에 갈데 까지 가보자! (이성간의 성 관계까지)

필히 암기 바랍니다.

공이 일(1) 야드만 더 갔으면, 완전히 상황이 달라졌을 겁니다.(직역: 완전히 다른 이야기가 되었을 겁니다)	If the ball goes one yard further, it is going to be completely different story

(주) **completely = totally**
"완전히, 전적으로" (두 개모두 자주 쓰이는 부사입니다)

필히 암기 바랍니다.

그의 공은 벙커에 빠졌습니다.	He caught the bunker = He found the bunker
나무가 봐 주었습니다. (나무 덕분 입니다)	The tree was forgiving

㈜ forgiving "너그러운, 관대한"

예) **The rock was forging** 바위가 봐 주었어.(바위 덕분에 운이 좋았어)
This club is forgiving 이 채 덕분이야

당연합니다. 그는 자기 공이 물에 빠진 것을 모릅니다.	I guarantee it. He doesn't know that the ball found the water

㈜ I guarantee it
= Of course! = No doubt! = No wonder! = You bet! 당연해!

다섯 개 문장 필히 암기 바랍니다.

믿든 말든, 그는 그린을 놓치고 벙커에 빠졌습니다.	Believe it or not, he missed the green and found the bunker
벙커에 또 빠졌습니다.	She finds another bunker

㈜ **She finds another water** 물에 또 빠졌습니다

실개천 매우 가까이에 볼이 있습니다.	The ball is very close to the creek

㈜ creek "시냇가, 실개천"

그는 앞에 있는 커다란 나무를 잘 활용해야 할 겁니다.	He will have to negotiate with the big tree in front of him

㈜ negotiate with "협상하다" 뜻으로 자주 쓰이지만 여기서 "대처하다", "처리하다"의 뜻으로 deal with 또는 work with 를 사용해도 됩니다.

그는 샷을 할 때 나무를 신경 써서 잘 대처해야 합니다.	He has to deal with the tree

㈜ deal with는 아주 중요하고 자주 쓰이는 숙어로 "대처하다", "처리하다", "다루다"의 뜻이고 그 다음에 주로 a problem(문제), an issue(사안), complaints(불평) 등이 옵니다.

필히 암기 바랍니다.

그건 가장하기 힘든 겁니다.	That's the hardest thing to do = That's the hardest part

㈜ That is the easiest thing to do = That is the easiest part
가장 하기 쉬운 거야그건

재수가 아주 좋습니다. (직역: 이른 성탄절 선물을 받고 있습니다)	Gee, Peter Jacobsen got early Christmas present

㈜ 2004년 8월 14일 25회 US Senior Open 대회에서 동률 선두에 있던 Tom Kite 선수가 친 Driver Shot이 Bunker에 빠진 후 160 yards 남겨놓고 친 두(2) 번째 shot 이 Bunker 턱에 맞고 왼쪽으로 튕겨나가서 우승 기회가 희박해지자 17번에 있는 운이 억세게 좋은 Peter 선수를 두고 한 말 입니다.

이건 커다란 행운 입니다.	This is a huge break

㈜ break "❶ 잠깐 동안의 휴식 ❷ 뜻밖의 행운(=luck) ❸ 그린 위에서 공이 휘는 정도"(아주 중요한 명사 입니다)

파를 잡기에 편안한 거리 입니다.	That is comfortable distance to get a par

㈜ within striking distance "추격거리 내에"

이글을 잡을 수 있는 절호의 기회 입니다.	Golden opportunity for eagle!

㈜1) golden opportunity "드물지 않게 오는 기회 = rare opportunity"
㈜2) 필자는 짧은 파 4 또는 파 5에서 퍼팅이 운 좋게 들어가 이글을 여러 번 한적이 있었지만 파5에서 3번째 Pitching wedge 를 사용하여 직접 shot eagle을 한 것은 1997년 10월11일에 자카르타 근교 Rancamaya Golf CC 에서 처음 했었고, 그 이후에 2014년에도 자카르타 근교 Halim Lama Golf CC 에서 파 4에서 2번 째 샷을 9번 아이언을 사용하여 shot eagle을 한 적이 있으며, 이글은 통산 십여 차례 했습니다.

㈜ 필자의 첫 번 째 Eagle Shot 패

어떻게 결과가 나왔는지 보시겠습니다.	Let's see what ended up with
언덕으로 공을 쳤습니다.	He bumped the ball into the hill

㈜ 언덕을 bump and run 샷 으로 칠 때 쓰는 표현. Bump and Run: 낮은 탄도로 공을 쳐서 페어웨이를 지나 그린에 올리는 샷 이며, chip shot 과 비슷한 뜻이지만, 거리가 긴 경우에 Bump and Run을 사용합니다.

여기서는 다른 대안의 여지가 없이 깃발을 향해서 샷을 날려야만 합니다.	There is no alternative here, he should shoot at the flag
다른 선택의 여지가 없었습니다.	That's the only option he had

㈜ option "선택", alternative "대안"

운이 좋게 공이 튀었습니다.	It was friendly bounce = It was fortunate bounce = It was lucky bounce

㈜ That was unlucky 운이 없었습니다.

운이 좋았습니다.	That was a good break = It was very lucky = It was fortunate

㈜ What a great break! 억세게 재수가 좋았습니다, break "행운, 운수"

커다란 행운입니다. 그에게는	That's a big break for him

㈜ 예를 들어 OB 가 날 뻔 하다가 나무 맞고 fairway로 다시 오던가 물에 빠질 듯 하다가 안 빠질 경우

그는 잘못된 장소에서 공을 쳤습니다. 벌 타 가 2타 입니다. 간결히 말하면 끝난 겁니다.	He played a ball from the wrong place and that's two shot penalty. That's it in a nutshell

㈜1) That's it 그것으로 끝장이다, 이제 틀렸다
in a nutshell "아주 간결하게"
㈜2) Simply put = To put it simply "간단히 말해서"

필히 암기 바랍니다.

토너먼트에서 우승하려는 욕심 때문에 볼을 물에 빠트렸습니다.	His anxiety to win the tournament made the ball bounce into the water
판단을 잘 했습니다.	Nicely judged!

(주) **Number of players misjudged the distance**
많은 선수들이 거리를 잘 못 판단하였습니다

프린지 덕분에 공이 살았습니다.	Saved by the fringe!

(주1) **Saved by the bell!** 벨 소리 때문에 살았습니다.
(예: 권투, 격투기 경기)
(주2) fringe "그린이 시작되는 곳 또는 그린 가장자리(Green edge) 바로 붙어 있는 풀이며 페어웨이 잔디와 그린 잔디의 중간" 이며 apron 과 같은 뜻 입니다.

홀에서 약간 멀지만 잘 쳤습니다.	A little bit too far from the tin cup. Good shot though

(주) "그렇지만, 그러나"를 영어로 말할 때 But 은 문장 앞에, though 는 문장 맨 뒤에 옵니다.

딱히 암기바랍니다.

홀과는 전혀 엉뚱한 거리입니다. (제주도 on 입니다)	That's not anywhere close to the hole

Golf Rules Quiz
골프 규칙에 대한 퀴즈

Q&A

13. 네/아니오

당신이 친 공이 벙커 해저드 내의 모래에 완전히 덮여 버렸을 경우, 이 공을 찾기 위해 당신의 클럽 헤드를 사용할 수 있는가?
If your ball is covered completely by sand in a bunker (hazard), may you use your club-head to search for it?

Jokes about golf
골프에 관한 농담

Mistakes are part of the golf game 실수는 골프 게임의 일부이다.

13.6.2 샷

그 벙커 샷은 아주 어려운 것은 아닙니다.	That's not the most difficult bunker shot in the world.
그런대로 괜찮습니다.	That's OK = That's not bad
그리 나쁜 샷은 아닙니다.	That's not too bad
그리 좋은 샷이 아닙니다.	That's not one of his best shots
까다로운 샷을 보는 것은 흥미 있는 일입니다.	It is interesting to see that kind of tricky shot
대단한 샷 입니다.	What a shot! = What a stroke!

㈜ **What a play!** 대단한 실력 입니다

파로 선방 했습니다.	What a great save!

㈜ 어려운 상황에서 파로 save 했을 때, 또는 축구에서 골 키퍼가 선방했을 경우에도 같은 표현 씁니다.

더할 나위 없는 훌륭한 샷 입니다.	That's unbelievable shot! = Brilliant shot! = That's phenomenal = He can't do any better
도저히 믿어지지 않습니다!	Sensational stuff! = Unbelievable!
매우 어려운 벙커 샷 "하나" 입니다.	It is a(ei) very tough bunker shot

㈜ a를 "**에이(ei)**"로 발음하여 **강조합니다**. 회사에서 영어로 PT(Presentation 발표)할 때 사용하면 아주 프로답게 보입니다. 또 다른 강조 표현은 어떤 특정 단어를 양손 둘째와 셋째 손가락을 사용하여 큰 따옴표(Double quotation marks, 즉 " ")사이에 강조 단어를 넣으면 아주 세련되게 보일 수 있습니다.

멋지게 해 냈군요.	Here we are!

㈜ **Here we are** 는 "목적지에 다 왔어" 또는 "여기 있어" 의 뜻도 있습니다.

믿을 수 없는 샷 입니다.	Can't you believe it? = I just cannot believe it
방금 전에 실수 샷을 했습니다.	He made a miss-shot a moment ago

(주) **a moment ago** "방금 전에"	
아주 대단한 샷은 아니었지만 아주 좋았습니다.	That's not superb, but pretty good
(주) **superb = excellent** "훌륭한, 멋진"	
약간은 마술과 같은 샷 이었습니다. (아주 어려운 샷을 기막히게 처리 했을 때)	That was a little bit of magic
(주) **a little bit of** "약간"	
어제와 거의 같은 shot 이군요.	That is almost copy of the shot yesterday
(주) 아까랑 똑같이 잘 못 쳤네. 아이고 등신아! (직역: 넌 도대체 뭐 하는 거니?) That is the carbon copy of the last shot. What are you doing?	
이 걸 보십시오 대단한 샷 입니다.	Look at this! This is a brilliant shot!
(주1) 네 자신을 봐! **Look at yourself!** (주2) **brilliant** "훌륭한, 멋진"	
이 보다 더 좋을 수는 없는 최상의 샷 입니다.	It couldn't be any better = It doesn't get much better than that
(주) **It is one of the best shots I have ever seen in my life** 내가 여태껏 보아온 최고의 샷 중에 하나이다.	

세 문장 모두 필히 암기 바랍니다.

이번 샷은 까다롭습니다.	This shot will be tricky
이번 샷은 매우 까다로운 샷이 될 겁니다.	This shot will be very delicate one
(주) **delicate** "까다로운, 미묘한"	
이보다 더 잘 칠 수는 없습니다.	He could not play any better = He couldn't do better than that

잘했습니다/잘 쳤습니다.	Nice work! =Good job! = Well done! = (That's the) Way to go! = Very nicely done! = Very nice! = Superb job! = Excellent work! = Well executed!
㈜ **Keep up the good work! = Keep up the good job!** 계속해서 잘 해봐! (격려할 때 자주 쓰는 표현 입니다)	

필히 암기 바랍니다.

정말 대단한 실력입니다.	Absolutely wonderful performance!
㈜ **absolutely** "절대적으로, 전적으로", **obviously** "분명히, 확실히" 영어에서 강조할 때 아주 자주 사용하는 부사 입니다.	

필히 암기 바랍니다.

중압감 속에서 대단한 샷 터치 감을 보여주고 있습니다.	What a great touch under pressure!
티 샷을 그렇게 치고 파를 했으면 잘 한 겁니다.	Par is a good score after that tee shot
환상적인 만회의 샷 입니다.	Sensational recovery shot!
㈜ **sensational** "❶ 세상을 놀라게 하는 ❷ 환상적인", **recovery** "회복, 만회"	
힘든 샷이 되겠습니다.	It's gonna (= going to) be tough shot
㈜ 이때의 **tough**는 "어려운", **tough guy** 에서 **tough** 는 "강인한, 다부진" 뜻 입니다.	

13.6.3 스윙

구(9) 번 아이언으로 풀 스윙 합니다.	It's a big 9 iron
㈜ **It's a small 9 iron** 구 번으로 간결하게 스윙 합니다.	
그는 서둘렀습니다.	He just rushed it
날이 일찍 열렸습니다.	The blade was releasing early
㈜ **blade** : 클럽 헤드의 날	
본능을 믿는 것도 경기의 일부입니다.	Trusting your instinct is part of the game

스윙이 아주 정확해서 실수가 별로 없는 선수입니다.	She is swing machine
그에겐 무리였습니다.	It was too much for him
㈜ **too much** "과도한"	

13-7. 퍼팅에 대한 언급

가장 값비싼 퍼팅이 될 겁니다. (우승을 가름하는)	That will be the most expensive putting
㈜ **the most exciting(significant) moment** "가장 흥분되는(중차대한) 순간"	
거기에서 그렇게 치는 것은 새 가슴의 퍼트 입니다.	It's very timid putt over there
㈜ **timid** "소심한, 자신 없는", **humid** "날씨가 습한"	
경기를 마감하는 버디 퍼트 입니다.	That is a birdie putt to seal the match
㈜ **seal** "봉인하다. 밀폐하다"	
예) **Sealed with a kiss** "키스로 편지를 마감합니다"(연애 편지 끝에 쓰는 표현)	
공이 구멍을 한 바퀴 빙 돌아 나왔습니다.	The ball was all the way around the hole
그 거리에서 두(2)퍼팅 만에 넣었습니다.	He got 2 putts from that range
㈜ **range** "거리", **Driving range** 골프 연습장	
그는 그린을 잘 읽습니다. (좌/우, 내리막/오르막, 잔디 결 상태 등)	He knows how to read the green
그도 역시 버디를 잡았습니다.	He also got the birdie = He got the birdie as well
그린을 읽고 있습니다.	He is now reading the green
그린을 잘 알아내기 위해서 약간 대비를 하고 있습니다.	He is doing a little homework to figure out the green

(주1) **do a home homework** 은 "숙제 하다" 의 뜻과 "무엇에 대비하다" 두 가지 뜻이 있습니다.
(주2) **figure out** 은 " 알아내다" "생각해 내다" 의 뜻으로 아주 쓰입니다.

필히 암기 바랍니다.

그린을 판단하고 있고 있습니다.	He is now judging the green
그 거리에서 친 것 치고는 괜찮은 퍼트 입니다.	That's not a bad putt from that distance
매우 중요한 퍼트 입니다.	It's a huge putt = It's a crucial putt
버디 귀신입니다. (버디를 밥 먹듯 잘 합니다)	He is a birdie machine
(주) **He is a dancing machine** 그는 춤에 귀신이야.	
버디 기회를 놓쳤습니다. (바꾸지 못했다)	He did not convert the birdie chance
(주) **convert (into)** "전환하다, 바꾸다"	
(예) **He was not able to convert into birdie putt** 버디 찬스를 못 살렸습니다.	
버디 기회를 무산 시켰습니다.	He did not capitalize birdie opportunity
(주) **to capitalize** "활용하다, 기회로 삼다"	
버디 기회를 또 맞았습니다.	He is within birdie range again
버디 퍼팅을 놓치다니 아주 뜻밖 입니다.	It is a very big surprise that they didn't make a birdie putt
(주) **I am not surprised any more** 난 더 이상 놀라지 않아(놀랄 일이 아니야, 그는/그녀는 늘 그러니까)	
버디가 가능한 위치에 있습니다.	The ball is in the birdie range

버디로 마무리를 짓게 될 것입니다.	He will wind up with birdie.

(주1) **to wind up with something** "무엇으로 끝내다"
(주2) **to end up with someone or something** "결국 누구를 또는 무엇을 갖게 되면서 끝나다" 자주 사용 됩니다

필히 암기 바랍니다.

(예) (예1) **I ended up with bad results** 결국 나쁜 결과로 끝이 났어

(주3) **to break up with someone = to split up with** "누구와 헤어지다" 둘 다 자주 사용 됩니다

필히 암기 바랍니다.

(예) (예2) **I don't want to break up with my girlfriend** 애인(여친)과 헤어지고 싶지 않아

(주4) **to come up with something** "생각해 내다" 아주 자주 사용되는 굉장히 중요한 숙어 입니다.

필히 암기 바랍니다.

(예) (예3) **I want you to come up with an idea within this week** 난 네가 이 번 주 내로 아이디어를 내 주기 바래. an idea 대신 자주 쓰이는 명사들은 a plan(계획), a suggestion(제안), a solution (문제 해결 방법), an answer(해답)등 입니다.

버디로 막 바로 연장전 없이 우승하기를 그는 원합니다.	He wants to close the door with birdie.

(주) **to close the door** "문을 닫다, 마감하다"

생각지도 않은 긴 퍼팅이 들어 갔을 때 하는 말	Hello, hello! = Thank you so much! = Thank you, sir! = Yes sir!
아직까지 버디가 없습니다.	There is no birdie yet.

(주) **yet** "아직까지(부정문에 쓰임)", **still** "아직까지(긍정문에 쓰임)"

(예) **I am still alive** 죽지 않고 아직 난 살아있어

연속 버디를 잡았습니다.	He's got back-to-back birdies.

(주1) **back-to-back** "연속적인" "등을 맞대고"
(주2) **He's got 3 birdies in a row**
= **He's got 3 birdies consecutively** 삼 연속 버디를 잡았습니다, **in a row = consecutively** "연속해서"(자주 사용됩니다)

필히 암기 바랍니다.

이 번 주에 그녀는 3 퍼팅을 하지 않았습니다.	She has not registered 3 putts this week.

(주) to register "등록하다"

이 퍼팅으로 그의 게임이 잘 풀렸습니다.	This putting has strengthened his game.
이 퍼팅을 성공하면 공동 선두가 됩니다.	This putt is to tie.
정말 훌륭한 퍼팅 이라서 뭐라고 말로 표현 할 수가 없습니다.	I can't tell you how good the putting was.
조금만 더 세게 쳤더라면 틀림없이 컵에 들어 갔을 것입니다.	(If he should have hit the ball) a little harder, certainly the ball would go into the hole
좋았어! (버디, 이글. 장거리 퍼팅 등 뜻하지 않은 결과로 좋아서 주먹을 불끈 잡았을 때 말하는 표현)	Say "YES" in any language! (직역: 어떤 언어로든 "좋았어"라고 얘기하세요)

(주1) **YES** 는 어떤 언어로든, 자신이 가장 원하는 것이나 좋아하는 것을 나타내는 것으로 가장 흔히 사용되는 말이기 때문에 이렇게 표현한 것 입니다.

(예) yes의 예를 들어보면 한국어는 "네", 스페인어 이탈리아어는 "si(씨)", 불어는 "oui(위)", 독일어, 네덜란드어, 스웨덴어, 노르웨이어는 "ja(야) 입니다.

(주2) 필자의 경우는 "Yes, Sir!"를 항상 사용합니다. 그 이유는 1986년에 Jack Nicklaus 선수가 만 46세의 나이에 쟁쟁한 젊은 선수들(Greg Norman: 2위)을 뿌리치고, 17번 홀에 극적인 버디 퍼팅을 성공 시키는 순간에(9번 홀부터 17번 홀까지 9개 홀에서 7언더를 기록) 아나운서 와 해설자가 2번이나 전설적인 "Yes, Sir!"을 외친 다음부터 사용해 왔습니다 결국 6번째 Masters를 우승하여 통산 메이저 18승을 달성하는 순간이었습니다 (Ben Wright and Verne Lundquist twice give the legendary "Yes, Sir!" call at the 1986 Masters)

(주3) YouTube 에 "Jack Nicklaus 1986 Masters"를 검색하면, 3분 13초짜리부터 3시간이 넘는 것까지 여러 개의 동영상이 있습니다. 필자는 9분 12초짜리(Jack 86 masters 9 thru 18)을 추천 합니다.

주먹을 공중에 대고 크게 불끈 쥐었습니다(예상치 않은 샷이 들어갔을 때 Tiger Woods 선수가 하는 특유의 동작)	Big punch in the air

(주) **Little punch in the air** 는 그 보다 작은 동작 입니다

중요한 퍼팅 이었습니다.	It was big putt.

(주) **big name** "유명인사. 거물 = big wig = big gun = big shot"

네 개 단어 꼭 암기 바랍니다.

지난 삼(3)일 동안 그의 장거리 퍼팅은 참 좋았습니다.	His putt has been pretty well with long range over the last three days.

(주) **over the last three days** "지난 삼일 동안"

꼭 암기 바랍니다.

짧은 거리를 2 퍼팅 하는 바람에 그녀는 스스로 무너졌습니다.	She self-destructed on two short putts.

(주) **to self-destruct** "저절로 못쓰게 되다"

짧은 퍼트를 놓치고 머리를 흔들고 있습니다.	He is shaking his head after missing the short putt.
티브이(TV) 화면으로 볼 때는 좋아 보이지만, 어려운 퍼트 입니다.	It looks good on TV, but it is very hard putt.
퍼트 방향은 맞았는데, 좀 짧았습니다.	Right on track, but little bit shy.
퍼팅이 성공할 것 같습니다.	I would say that this is very makeable putt.

(주1) **I would say = I believe = I guess** "내 생각에는 아마도",
  I should say "내 생각에 대한 강조를 나타낼 때"
(주2) **makeable** "성공할 수 있는"

(예) 골프에서 "**makeable putt**" 이외에는 쓰이는 경우가 드문 단어 입니다.

Golf Rules Quiz
골프 규칙에 대한 퀴즈

Q&A

14. 네/아니오

매우 더운 날 당신이 스트로크를 하는 중에 햇볕을 가리기 위해 당신의 캐디에게 우산을 씌워 달라고 했다. 이것은 허용되는가?

It is very hot and you ask your caddy to shield you from the sun while you play a stroke. Is this allowed?

14

PGA/LPGA/유럽피안 투어에서 활약할 한국인 선수들을 위한 영어 인터뷰 질문과 답변들

Interview questions and answers in English for the Korean players at PGA/LPGA/European Tour

14.1 인터뷰 진행자 질문과 언급
14.2 진행될 경기에 대한 답변
14.3 우승 소감과 경기 내용에 대한 답변
14.4 다른 선수에 대한 칭찬
14.5 잘한 경기 내용에 대한 답변
14.6 잘못한 경기 내용에 대한 답변

14. PGA/LPGA/유럽피안 투어에서 활약할 한국인 선수들을 위한 영어 인터뷰 질문과 답변들
Interview questions and answers in English for the Korean players at PGA/LPGA/EPGA

(주) 우승 소감이나, 다른 표현들은 골프 이외의 스포츠 경기에서도 대부분 적용됩니다. 필자가 늘 느끼는 거지만, 세계적으로도 다른 분야에서도 아주 유명하고 영어가 뛰어난 한국 분들 중에서도 인터뷰 중에, I think, You know를 너무 자주 사용해서 인터뷰의 품격을 떨어트리는 경우를 자주 보았습니다.

특히 You know(있잖아요. 그러니까 말이죠, "다음 할말을 생각할 때 쓰는 표현") 라는 표현은 극히 자제해 주시기 바랍니다. 입에 붙어버리면 아주 나쁜 습관이 되어버려, 대화 도중에 너무 자주 쓰게 되어 버립니다.

14-1. 인터뷰 진행자 질문과 언급

게임에서 승리했을 때 기분은 어떠했습니까?	How did you feel when you won the game?
게임 하면서 언제 우승할 거라고 생각했습니까?	When did you think you would win?
오늘의 경기에 대해 한 말씀 해 주시겠습니까?	Could you tell me something about your play today?
마지막 라운드의 전략은 무엇이었습니까?	What was your strategy of final round?
마지막 라운드에서 가장 기억에 남는 순간은 무엇입니까?	What is your most memorable moment of final round?

(주) memorable "기억할만한" unforgettable "잊을 수 없는"

칠 십(17) 번 티 박스에서 서있었을 때의 느낌을 말씀해 주시겠습니까?	Please tell us what was your feeling standing on the 17th tee box?
칠 십(17)번 홀에서 이글 퍼트를 성공시킬 것이라고 기대했습니까?	Did you expect you can make eagle putt at 17?
십 사(14)번 홀에서 버디 성공했던 순간을 기억하십니까?	Do you remember the moment when you made birdie at 14th hole?
오늘 게임 중 제일 잘한 것은 어떤 것 입니까?	What is your best part of today's game?
오늘 게임 중 제일 못한 것은 어떤 것 입니까?	What is the worst part of today's game?
끝날 때까지 경기 전략은 뭡니까?	What is the key strategy down the stretch?
앞으로 몇 달 가량의 당신 계획은 무엇 입니까?	What is your plan over the next couple of months?
토요일, 일요일에 행운을 빕니다.	I wish you all the best on Saturday and Sunday play.

(주) 사회자가 인터뷰한 선수에게 인터뷰 마치면서 3,4라운드에 행운을 빈다고 하는 말이며, I wish you all the best 는 "행운을 빕니다" 뜻이고, 아주 자주 사용되는 표현 입니다

(예) **I wish you all the best in your new job (or career, or assignment)**
새로운 일(또는 경력, 보직)에 행운을 빕니다

필히 암기 바랍니다.

14-2. 진행될 경기에 대한 답변

경기가 "적자생존"상태로 될 것입니다.(course가 매우 까다로울 때)	I think it is going to be the survival of the fittest.

(주) the survival of the fittest "적자생존"

기다리는 사람에게 좋은 일이 옵니다. 나는 오랫동안 기다려 왔습니다.	Good things comes to those who wait. I've been waiting for a long time.

필히 암기 바랍니다.

기대를 내 스스로에게 크게 걸지 않고 있습니다. 그냥 좋은 기회를 즐길 뿐이고 가능하면 상위에 들고 싶습니다.	I am not putting much expectations in myself. I just want to enjoy the occasion and finish as high as I can.

(주1) occasion "❶ 특별한 행사 ❷ 적절한 기회"
(주2) On this occasion = Taking this opportunity
"이 기회를 빌어, 차제에"

(예) On this occasion, I'd like to say a few words about it 이 것을 계기로, 그 것에 대해 내가 몇 마디 하고 싶어 (아주 사용 됩니다)

필히 암기 바랍니다.

기적은 없습니다. 단지 내 재능을 최대한 이용할 뿐입니다.	There are no miracles. I am just trying to get the best of my talent.

(주) to get the best of something "무엇을 잘 이용하다"

기회가 왔을 때 해내야 합니다.	When you get the chance, you have to get it done.

필히 암기 바랍니다.

끝까지 해내기를 난 희망합니다.	I hope to go the distance.

(주) to go the distance "끝까지 해 내다"

나는 오늘 자신감이 있습니다.	I am very confident today.
나는 숏 게임이 잘 되어서 오늘 약진을 했습니다. 그래서 내일 우승할 수 있는 기회는 있습니다.	I made a run today thanks to good short game. So, I have a chance to win tomorrow

(주) to make a run "도망가다"
thanks to someone/something "누구 덕택에, 무엇 덕분에"

나는 아직 끝난 게 아니고 결과는 두고 보아야 합니다.	I am not finished yet, the result remains to be seen.

(주) The result remains to be seen "결과는 두고 볼일이야"
The problem remains unsolved "문제는 미해결 상태야"

두 문장 모두 필히 암기 바랍니다.

나는 어제 보다 훨씬 자신감이 있고 마음이 느긋합니다.	I am more confident and relaxed than yesterday.

나 자신의 게임을 할 거고 거기에 집중할 것이다.	I am going to play my own game and I focus on what I am doing.
나는 언제 인가는 우승할 겁니다. 다만 언제가 될지 시간이 문제 입니다.	I will win. It's just a matter of time.

필히 암기 바랍니다.

나에게는 마지막이며 최고의 기회일지도 모릅니다.	It may be the last and best chance for me.
나의 몸이 때가 되면 언제 포기해야 할지 알려줄 겁니다.	My body will tell me when it's time to give up.

(주) **give up** "포기하다"

(예)
(예1) **Never give up!** 절대 포기하지마
(예2) **I will not give up on her** 나는 그녀를 포기 안 할거야

두 문장 모두 필히 암기 바랍니다.

난 장타자는 아니고 공을 똑바로 치는 선수입니다 공을 제 위치에 갖다 놔도 퍼팅을 잘해야 합니다. 결국엔 모든 것이 퍼팅에 달려있습니다.	I am not one of the long hitters. I am a position player. If you get good position, you've got to make putts. It all comes down to putting.

(주) **come down to something** "결국 무엇이 되다" "한 마디로 요약되다" (주요 숙어 입니다. 필히 암기 바랍니다). 또한, 고급스럽고 어려운 표현으로는 **boil down to something** "결국 무엇이 되다"로 사용해도 되고, 쉽게는 **The bottom line is putting** (결론은 퍼팅 입니다) 로 표현해도 됩니다.

필히 암기 바랍니다.

내가 다시 우승 하지 못하리라는 이유는 없습니다.(즉 다시 우승 할 수 있습니다)	There is no reason why I cannot win the title again.
내일 격차를 좁혀야만 합니다.	I must narrow the gap tomorrow.

(주) **to narrow the gap = to close a gap** "간격, 격차를 줄이다, 따라 붙다", **to bridge the gap** "간격을 메우다" 3개 모두 중요한 표현 입니다.

예	Underdogs bridge the gap (2003년 7월 28일에 "Battle at the Bridges"로 명명되어 Tiger Woods 와 Ernie Els 가 한 Team이 되고 Phil Mickelson과 Sergio Garcia가 한 Team이 되어 맞붙은 시합에서 열세(=underdog) 이었던 Mickelson과 Garcia Team 이 이긴 후 신문에 나온 Headline(표제) 입니다.

세 개 숙어 꼭 암기 바랍니다.

내일 어떻게 될지 두고 봐야 알겠습니다.	We will see how it goes tomorrow.
내일은 선두를 추격하도록 노력할 겁니다.	I will try to chase down the leader.
(주) **to chase down someone/something** "원하는 사람/사물을 추적하다, 추격하다"	
내일은 오늘의 나보다 나을 겁니다.	Tomorrow, I will be better than I am today.
누군가와 경기하느냐가 문제가 아니고, 코스가 어려워 코스와 싸워야 합니다.	It doesn't matter who play against. You are playing against the course.
(주1) **to play against someone/something** "누구와/무엇과 시합하다, 겨루다" (주2) **are playing** (현재 진행형)을 쓴 이유는 강조 표현 입니다	
다른 골퍼들이 하는 것을 내가 컨트롤 할 수는 없지만, 내가 하는 것(즉 내가 치는 샷) 은 내가 컨트롤 할 수 있습니다.	I can't control what the other golfers do, but I can control what I do.
다른 사람 치는 것 신경 안 쓰고 내 방식대로 경기 할겁니다.	I am going to play my own game.

꼭 암기 바랍니다.

다음 주(메이저 대회)에 대비하여 (이 번 주 시합에서) 탄력을 받을 필요가 있습니다.	I need to get some momentum going into next week.
(주) **to get momentum** "탄력을 받다"	

꼭 암기 바랍니다.

도중에 약간의 문제만 없다면 내가 우승할 가능성은 높습니다.	If I don't have any hiccups along the way, I have a good chance to win.

㈜ hiccup(s) "딸꾹질, 약간의 문제", along the way "도중에, 중간에"

두 자리 숫자의 언더 파(즉 10 언더 파 이하)를 누군가 해낼 거라고 믿기는 어렵습니다.	I would find it hard to believe that somebody would shoot in the double digit under par.

㈜ His annual income is six digits 그의 연간 수입은 수십만 불이다(6자리 숫자다, 즉 U$100,000 에서 U$999,999 사이)

롱 게임은 아주 좋습니다. 숏 게임을 약간 향상시키기 위해 노력하고 있습니다.	My long game is in very good shape. I am working on my short game trying to improve a little bit.

㈜ long game: 거리를 요하는 driver shot, fairway wood shot, iron shot 이며, short game: 정확성을 요하는 pitching, chipping, bunker shot, putting 입니다, in good(poor) shape 컨디션이 좋은(좋지 않은), to work on someone/something "누구에게 공을 들이다, 작업하다, 뭔가를 만들거나 수선하기 위해 시간을 보내다"

㈁ I am working on it "지금 하고 있는 중이야"(it 은 숙제, 보고서, 프로젝트 등이 될 수 있습니다) (매우 중요 합니다)

꼭 암기 바랍니다.

롱 게임이 잘 안 풀려서 숏 게임이 애 먹었습니다. 드라이버 샷에 대한 확신을 되찾아야만 합니다.	My long game put a lot of pressure on my short game. I have to get my confidence back on my drive.

㈜ to put pressure on something/someone "무엇에/누구에 압력, 압박을 가하다"

꼭 암기 바랍니다.

㈁ **Don't put pressure on her!** 그녀에게 압박을 가하지마!

매년 이 곳에서 경기를 잘 했습니다. 이 번에는 (우승이) 나의 차례가 될 겁니다.	I play well here every year. It's going to be my time
모든 사람들이 우승하기 위해 이곳에 옵니다. 나도 그렇습니다.	Everyone comes here to win. I am the same.

모르는 일입니다. 36홀이 더 남아 있습니다. 내가 계속 열심히 노력해서 이곳 저곳에서 버디를 잡는다면 결과가 어떻게 될지 우리는 알게 될 겁니다.	You never know, I've got 36 more holes. If I keep plugging along, make a birdie here and there and we will see where it ends up.

(주) **to plug along** (회화체) "부지런히 일하다, 노력하다", 2009년 6월 20일, US Open에서 1,2 라운드 끝나고 나서 선두와 11타 차이가 나는 것에 대한 Tiger Woods선수의 대답 입니다.

목과 어깨에 통증이 있어 나는 이번 경기는 참석을 안 할겁니다.	I have a pain in my neck and shoulder, so I will sit this tournament out.(= I will pull out of this tournament = I will withdraw from this tournament)

(주) **to sit out** "댄스·경기 따위에 참가하지 않다 = **to withdraw from**(철회하다, 물러나다) = **to pull out**(손을 떼다)"

몸 상태 준비가 완전히 끝나고 이 게임에 만반의 준비가 되어있습니다.	I am completely tuned in and plugged into this game.

(주) **to tune in**: "다이얼, 채널에 맞추다", **to plug into** "플러그를 콘센트에 끼우다"

몸 컨디션이 좋고 정리가 잘 되어있고 만반의 준비가 되어있습니다.	I am in good shape, organized and well prepared.

필히 암기 바랍니다.

(주) **be in good shape** "몸 상태, 컨디션이 좋은", **be out of shape** "몸 상태가 안 좋은, 운동을 안 해 몸이 망가진"

(예) **He is out of shape** 그는 꼴이 말이 아니야(컨디션이 안 좋아)

몸의 건강 상태가 나는 아주 좋습니다.	I am in good shape.

(주1) **be in good shape** "몸 건강이 좋다, 몸 상태가 좋다"
(주2) 몸 컨디션이 안 좋다고 말할 때는 **My condition is not good**은 틀린 표현 입니다. 바른 표현은 **I don't feel very well**(몸 상태가 별로 안 좋아) 또는 **My physical condition is not good** 또는 **I am not in good physical condition** 으로 말합니다

몸의 컨디션이 좋으면 나이는 문제 되지 않습니다.	As long as you are in good shape, age should not matter.

바라는 경기를 펼칠 수 있다면 어쩌면 내가 우승할 가능성은 있습니다.	As long as I can play my golf, I probably have a chance to win.
빠른 시간 내에 (스윙)교정이 이루어지기를 원치 않습니다. 시간이 오래 걸려도 상관없습니다.	I don't want quick fix. I don't mind how long it takes.

(주) to fix "수리하다. 고치다" I don't mind "신경 쓰지 않다. 개의치 않다" 아주 자주 쓰이는 표현 입니다.

(예)
(예1) I don't mind your smoking 당신 흡연에 개의치 않습니다.
(예2) Never mind! 신경 쓰지 마세요!
(예3) Mind your own business! = None of your business! 네 일이나 신경 써. 너 나 잘해!

예로 든 세 개 문장 필히 암기 바랍니다.

슬럼프로부터 벗어나 컴백을 할 겁니다.	I will make comeback from my slump.
새로운 코치와 같이 일을 한 후에 나의 게임은 천천히 되돌아 오고 있는 중입니다.	My game is slowly coming around since I started working with new coach.

(주) to come around "돌아오다"

(예) What goes around comes around 남에게 잘 못하면 나에게 그대로 되돌아온다. 사필귀정, 인과응보(자주 쓰이는 속담입니다)

필히 암기하시기 바랍니다.

샷이 일정하지 않고 예전 같지 않지만 나는 승리를 고대하고 있습니다.	I am a little erratic and a little rusty, but looking forward to the victory.

(주) erratic "불규칙한, 일정하지 않은", rusty "녹이 슨, 예전 같지 않은", to look forward to + 명사나 동명사 "무엇을 고대하다"

실수를 전혀 하지 않으려고 노력해서 적어도 10위 이내에 들려고 할 예정 입니다.	I am going to trying not to make any mistakes and at least finish in top ten.

(주) at least "적어도"

실질적으로 지난해 보다 나의 스윙에 대해 편안히 느껴집니다.	I actually feel better about my swing than last year.

아직 갈 길이 멀기 때문에, 마스터스 우승을 위해 100% 계속 정진할 것입니다.	There's still a long way to go and I will push 100% for the Masters title.
아직 내 앞에는 많이 것 들이 있습니다. 18 개의 홀에서는 무슨 일이든 일어날 수 있습니다. 나는 김칫국부터 마시지 않을 겁니다.(때를 기다리고 있을 겁니다)	There is still a lot in front of me. Anything can happen in 18 holes. I am not counting my chickens yet.

- (주1) to count one's chickens before they are hatched "닭이 부화하기도 전에 숫자를 세지 마라, 즉 떡 줄 사람은 생각도 않는데, 김치국물부터 마시지 마라", 에서 before they are hatched 가 생략된 문장 입니다.
- (주2) 미국 영화나 드라마, 또는 영자 신문에 보면 영어 속담들이 의외로 자주 쓰입니다.
- (주3) 진행형은 강조

앞으로 있을 이틀 경기에 기대해 겁니다.	I look forward to the next two days.

필히 암기 바랍니다.

약간은 야심을 갖고 그 대회에 임하려고 하고 있습니다.	I am going there with a little ambition now.

- (주1) 2004년 PGA 대회에서 한 해에 9승을 올린 Vijay Singh 선수가 기록적인 10승을 달성하기 위해 2004년 마지막 대회인 The Tour Championship 대회 출전 전의 각오를 표현 한말
- (주2) with little ambition "작은 욕심/야망을 가지고"

어디에서 잘못되었는지 무슨 실수를 했는지 관찰해 보아야 할 것 같습니다. 그리고 다음 시합 전에 시정해야 할 것 같습니다.	I will have to take a look at where I went wrong, the mistakes I made and rectify it before the next tournament.

- (주) to take a look at someone or something "누구를 쳐다보다, 무엇을 관찰하다", to make a mistake "실수하다", to rectify = to address the issue "문제를 시정하다, 바로 잡다"

네 개 모두 자주 사용됩니다. 필히 암기 바랍니다.

염려하는 사람은 타이거 우즈 선수가 아닙니다. 정작 매우 염려하는 것은 내 자신에 대한 자신감 부족입니다.	It's not really Tiger Woods that I am concerned about. What's worrying me most is the lack of self-confidence.

(주) **be concerned about** "무엇을 걱정하다. 염려하다" **what's worrying me most** "나를 가장 염려스럽게 만드는 것"(자주 쓰입니다)

필히 암기 바랍니다.

예전에 잘하는 곳에 오면 항상 좋습니다. 힘이 더 생깁니다.	It is always good to be somewhere you have done well before. It gives you an extra buzz.

(주1) 주어를 I 로 쓰지 않고 **You** 로 사용한 것은 일반적인 현상을 말할 때 쓰이며 인터뷰할 때 I 대신 You를 자주 씁니다

(주2) **buzz** "신바람, 윙윙거림", **buzzer** "버저, 초인종", **buzzer beater** "농구에서 종료 벨 소리와 함께 들어가는 슛", buzz 대신 **excitement, energy** 를 사용해도 됩니다

오늘은 더 잘 쳤습니다. 바라건대 3,4 라운드에도 똑같이 잘 치기를 희망합니다.	I hit the ball a lot better. Hopefully I can do the same thing on the weekend.

(주1) **hopefully** "바라건대"(아주 중요한 빈도수 높은 부사 입니다)

(주2) **to do the same thing** "똑같이 하다(관용구)"

필히 암기 바랍니다.

(예) **If I were you, I would do the same thing** 내가 너의 처지였어도 나도 똑같이 했을 거야

필히 암기 바랍니다.

(주3) **weekend**: 주말(토, 일요일)에 3, 4 라운드를 뜻합니다

올해의 나의 경기는 들쑥날쑥 했습니다. 샷을 일정하게 쳐서, 매주 경쟁할 수 있는 수준에 다다를 수 있으면 좋겠습니다.	My year has been kind of up and down. I would like to keep more consistent and get to that level where I can compete every week.

(주1) **consistent** "일관된, 한결 같은", **constant** "변하지 않는"(주로 명사 앞에 쓰입니다)

(주2) **consistant** 라는 단어는 틀린 철자 이고 없는 단어이니 조심하시기 바랍니다.

용기는 가상 하지만 내가 그녀라면 절대 참가를 안 했을 겁니다.	I admire her courage. But if I were in her shoes, I would never do it.

(주1) 세계 1위 여자 프로 선수인 Annika Sorenstam의 2003년 Colonial PGA 남자 대회에 참석에 대한 Nick Price의 comment

(주2) **be in one's shoes** "누구의 입장에 처하다"

(예) **Put yourself in my shoes!** 너도 내 입장이 되어봐!

(주3) **We are in the same boat** 우리는 같은 입장 입니다 **be in the same boat** "같은 상황, 처지에 놓이다"

(주4) **I think we are on the same page** 내 생각에 우리는 서로 동의 한 것 같습니다 **be on the same page** "진행되고 있는 일이나 제안사항에 대해 이해하고 동의하다. to understand and agree with what is being done or suggested"

네 가지 표현 모두 필히 암기 바랍니다.

선수약력 : 닉 프라이스(Nick Price)

1957년 생. 국적: Zimbabwe(영국계) 1990년 대 중반 한 때 세계 랭킹 1위. 메이저 대회 3승(PGA Championship 1992, 1994, 영국 The Open 1994) 포함 PGA 18승, 프로 통산 49승. 간단하면서, 빠르고 깔끔한 스윙으로 유명

우승 할 기회는 아직 나도 갖고 있습니다.	I've still got a chance to win.
우승에 연연하지 않겠습니다.	I am not going to get hung up on winning.

(주) **to be/get hung up on someone/something** "누구/무엇에 집착하다, 연연 하다"

(예) **I am not going to get hung up on her** 그녀에게 더 이상 연연하지 않을 거야

이 골프장에 오기만 하면 좋은 추억들이 생각납니다.	This golf course brings back the good memories every time I come here.

(주) **to bring something back** "무엇을 기억나게 하다"

날씨가 문제가 되지 않고 골프 코스 자체가 될 것입니다.	The weather is not the issue, but the golf course will be.
모든 선수들은 이 곳 주변을 훤히 꿰고 있습니다.	Everybody knows everybody's business around here.

(주) **to know one's business** "훤히 알고 있다, 정통하다"

꼭! 암기 바랍니다.

| 이 번 주의 나의 목표는 뭔가 해내는 것입니다. | The goal for me this week is to make something happen. |

㈜ **to make it/something happen** "해 내다" (아주 중요하고 자주 쓰입니다)

꼭! 암기 바랍니다.

| 올해는 작년과는 다를 겁니다. | This year will be different from last year. |

㈜ 부진했던 작년과는 달리 올 해부터 달라 질 것 이다 라는 뜻 입니다. **be different from someone/something** "누구와 무엇과 다르다"

예) I am different from you = I am not like you. I am who I am 난 너와는 달라. 나는 나야

세 문장 모두 꼭! 암기 바랍니다.

| 전략을 만들어 내가 무슨 샷을 사용할 건지 뿐만 아니라 어떻게 경기할 건지 계획할 것입니다. | I will make my strategy how I want to play it as well as the shots I will be using. |

㈜ **not only A but also B = B as well as A** "A 뿐만 아니라 B도"

꼭! 암기 바랍니다.

전반 나인(9)홀은 짧지만 후반 나인(9)홀은 다릅니다.	Opening holes are short, but the closing holes are something else.
지난 해 보다 향상되었습니다. 다음 해에 또 다른 수준에 도달하고 싶습니다.	I improved from last year. I hope I can just reach another level next year.
지난해에 많은 것을 배우고 많이 철들었습니다.	I've learned a lot and grown up a lot in the last year.

㈜ **to grow up** "성장하다"

예) Grow up! 철 좀 들어!, Why don't you grow up? = Act your age! 나이 값 좀 해!

꼭! 암기 바랍니다.

| 참석을 포기하려고 했었습니다. | I was going to pull out. |

(주) **to pull out** "위험한 장소, 상황, 사업에서 빠져 나오다, 손을 때다"	
(예) **Pull them out!** 그들을 철수 시켜!	
천성적으로 나는 공격적인 경기를 합니다. 그게 바로 나입니다.	I am an aggressive player naturally. That's who I am.
(주1) **aggressive** "공격적인", **defensive** "방어적인", **active** "적극적인", **passive** "수동적인" (주2) **That's who I am** 그게 바로 나야, **I am who I am** 나는 나야	

두 문장 필히 암기 바랍니다.

첫 날부터 선두를 차지한다는 것은 좋은 징조입니다.	It is a good sign to be in the lead from day one.
(주1) **good sign** "좋은 징조" (주2) **the light at the end of the tunnel** "고생 끝에 빛을 보는 힘든 상황 종료, 광명"	
(예) **I saw the light at the end of the tunnel** 난 고생 끝에 광명을 보았어(직역: 터널 끝에서 빛을 보았어)	

필히 암기 바랍니다.

첫 승리를 학수고대하고 있습니다.	I am looking forward to the first win.
(주) **to look forward to 명사/동명사** "무엇을 학수고대하다"	

필히 암기 바랍니다.

최선을 다해서 경기를 하려고 참석을 했고 그냥 본선에 진출하면 만족할 것 같습니다.	I came here just trying to play the best I could and I would have been happy just to make the cut.
(주) **make the cut** "본선에 진출하다", 반대의 뜻 **miss the cut** "본선 진출에 실패하다"	
충전할 시간을 가졌기 때문에 이번 주 경기에 들떠 있습니다.	I've had time to recharge the battery and I am feeling excited about this week.
(주) **to recharge the energy (or my energy, my body)** "재 충전하다", **excited** "기분이 들뜬, 흥분한"	
통상적으로 나는 압박감을 받아들이는 것에 개의치 않습니다.	Usually, I don't mind taking the pressure.

페이스를 잘 유지했고 내일도 그러기를 바랍니다.	I've kept up with pace and I hope I can keep up tomorrow.

(주) to keep up "유지하다" = to maintain

핀 위치는 내가 본 것 중 가장 어려웠습니다.	The pin positions are the hardest I have ever seen.

(주) 영어에서는 강조하기 위해서 과장된 표현을 할 경우가 많이 있는데, 그 중의 한 가지 방법이 "The 형용사 최상급"에 "I have seen in my life 또는 I have heard in my life 또는 I have done in my life"(내가 여태껏 본 것 중, 들어본 것 중, 해 본 것 중 가장 무엇한 것)를 사용합니다.

(예) She is the most beautiful woman I have seen in my life 내가 여태껏 본 여자 중에서 제일 예쁘다, This is the biggest fish I have seen in my life 여태껏 본 것 중 가장 큰 물고기다, This is the worst joke I have heard in my life 여태껏 들어 본 것 중에서 가장 재미없는 농담이야, This is the best thing I have done in my life 여태껏 한 것 중에서 이번에 한 것이 최고로 잘 한 것이야

예로 든 네 개 문장 필히 암기 바랍니다.

필드에 나가서 나는 주저하지 않고 계속해서 핀을 공략 할 겁니다.	I will not hesitate out there and continue to go at it.

(주) to go at "덤벼들다, 덤벼들다" = to attack (go at 대신 go for 를 써도 됩니다)

할 일이 많이 남아있지만 그리 멀다고 생각하지 않습니다. 나는 선두와 2타 뒤지고 있습니다.	I have a lot of work left, but I don't feel it is far off. I am two shots back.

(주) a lot of work left "할 일이 많이 남아 있다" = a lot of work to do

(예) I have a lot of work to do = There is a lot of work to be done 할 일이 많아(할일이 많이 남아 있어)

확고하게 잘 버티면 의욕을 불러일으켜 제 실력을 발휘할 것입니다.	If you hang in there, it will work up.

(주1) to hang in there = to hang tough "어려운 상황에서도 꿋꿋이 버티다"

필히 암기 바랍니다.

(주2) to work up "북돋우다"

Golf Rules Quiz
골프 규칙에 대한 퀴즈

Q&A

15. 네/아니오
한 선수가 무의식 중에 퍼팅 라인을 밟았다. 그는 페널티를 받는가?
A player walks on his line of putt unintentionally. Should he be penalized?

14-3. 우승 소감과 경기 내용에 대한 답변

감사 표시를 팬들에게 뭐로 표현 할 수가 없습니다.	I can't find the words for the expression of my appreciation to the fans. = I don't know how to express my thanks to the fans. = I cannot express how grateful I am.
(주) The people here are very welcoming. 여기 사람들은 매우 환대적입니다.	
감사 드립니다 이 경기에 와주신 팬들에게	Thanks for the fans coming to this tournament
감사 드립니다 성공적인 이벤트를 위해 애쓰신 조직위원회에	Thanks to the organizing committee for the successful event
감정이 너무 복받쳐서 얘기를 못 하겠습니다.	I am too emotional for words.
가장 힘든 부분은 마지막 홀 두 번째 퍼팅 이었습니다.	The hardest part was that the second putting on the last hole.
(주) the hardest part "가장 힘든 부문, 고비"	
경기장 안에서뿐만 아니라 경기장 밖에서도 우리는 Ryder Cup 경기를 팀 전체로서 이긴 것 입니다.	We won the Ryder Cup as a team off the course as well as on the course.

(주1) **Ryder Cup** "미국과 유럽 대표 선수들끼리 2년 마다 벌리는 자존심 대결이 매우 강한 경기" **off the course** "경기장 밖은" 팬들을 뜻 합니다.

(주2) **B as well as A** "A 뿐 아니라 B 에서도"

고국의 팬들 앞에서 실력을 보여주고 싶었습니다.	I wanted to show what I can in front of home fans.

(주) **home** "❶ 집 ❷고향, 국국"

(예) **at home and abroad** " 국내와 국외에서"

필히 암기 바랍니다.

그린에서 나는 게임이 끝날 때까지 완벽한 퍼팅을 구사했습니다.	I was perfect down the stretch on the green.
그린을 직접 공략하는 것은 내게 이득이 없기 때문에 미들 아이언으로 우회하여 쳤습니다.	There is no benefit for me to go for the green, so I laid up with a middle iron.
금주 주말만큼 3, 4라운드에서 잘 친 때가 없었습니다.	I can't play much better than the way I played this weekend.
기분을 뭐라고 말로 표현 할 수가 없습니다. 말로는 설명이 안 됩니다.	I cannot describe my feeling in words. It is beyond description.

(주) **to describe** "말하다, 서술하다 = to express", **description** "서술, 표현 = expression"

필히 암기 바랍니다.

기분이 좋습니다 하지만 아직 흥분이 가라앉지 않았습니다. 마음이 아주 편했고 나한테 자신감이 많았습니다. 뭐라고 말해야 좋을지 기분이 너무 황홀합니다.	I feel good, but it hasn't sunk in yet. I was very comfortable and I had a lot of confidence in myself. I really don't know what to say.

(주1) 박지은 선수(Grace Park. 12살에 하와이로 이민 갔기 때문에 영어는 자유자재로 구사) 의 LPGA 첫 우승(2000년 6월). 본인이 통역 없이 직접 영어로 인터뷰 하였습니다. **to sink in** "스며들다"

(주2) **I really don't know what to say.** 정말 무슨 말을 해야 할 지 모르겠습니다.

필히 암기 바랍니다.

기쁨을 말로써 표현하기 힘듭니다.	It is hard to express my joy in words.
기억에 남을 날이 될 것입니다.	This will be a day to remember = This will be a memorable day.
기억에 오래 남을 겁니다.	This will be a day long remembered.
기억에 영원히 남는 날이 될 겁니다.	This will be a day I can never forget.
기회가 많을 거라 생각 하지는 안 했지만, 어쨌든 난 해냈습니다.	I did not think I had much of a chance, but somehow I got through.

㈜ to get through "합격하다, 어려운 상황을 헤쳐 나가다" 아주 자주 쓰입니다.

필히 암기 바랍니다.

㈎ **You have to get through difficult times**
넌 힘든 시간을 헤쳐 나가야만 해

긴장하지 않았다고 말한다면 그건 내가 거짓말을 하는 것일 겁니다. 그렇지만 발동이 일찍 걸려 내가 원하는 대로 경기가 풀렸습니다. 우승하려면 약간의 운도 필요한데 운도 따라주었고 내가 아주 잘 쳤습니다.	I would be lying if I said I was not nervous, but I got off to a fast start and had some things go my way. You need a little luck when you win, and I played great.

㈜1) nervous "긴장한"
㈜2) to get off to something = to begin with something "무엇으로 시작하다"

꿈을 꾸어왔던 것 이상으로 나는 해냈습니다.	I've achieved more than I 've ever dreamed.
꿈이 실현된 것입니다.	It is a dream come true = My dreams come true.

필히 암기 바랍니다.

꿈 중에 하나가 실현됐습니다. 나에게 가장 컸던 목표는 명예의 전당에 합류하는 것이었고, 지난 칠(7)년 동안 정말 열심히 했습니다. 5월 9일은 내 생각에 인생 최고의 날인 것 같습니다.	One of my dreams come true. My biggest goal was trying to join the Hall of Fame and I worked so hard for the past seven years. May 9th is the best of my life, I think.
㈜ 2004년 5월 9일, 박세리 선수가 마지막 날 65타를 쳐서 Cristie Kerr 선수 Lorena Ochoa 선수를 두(2)타 차로 제치고 우승한 박세리 선수 인터뷰 내용 인용. 이 대회가 박세리 선수의 22번 째 우승으로, 명예의 전당에 합류하는 점수 조건이 성립되었고, LPGA 선수 경력 10년째인, 2007년에 명예의 전당 회원이 되었습니다.	
내 심장이 나에게 말하는 대로 했을 뿐 입니다.	I just did what my heart told me.
너무 감격스러워 간신히 말을 할 수 있을 정도 입니다.	I am so emotional so that I can barely talk.
㈜ barely "간신히, 가까스로"	
늘 하기를 원했던 어떤 것 이었습니다. 나는 일년에 다승을 하기를 항상 원했습니다.	It was something that I always wanted to do. I always wanted to win multiple tournaments in a year.
단 번에 집어넣으려고 하지 않았습니다. 단지 가까이 붙이려고 했는데 그냥 공이 홀 안에 들어가 버렸습니다.	I wasn't really trying to make it. I was trying to just get it close, and it fell in.
㈜ to make it = to succeed "성공하다"	
㈀ **Make it or break it!** 성공해 아님 망하는 거야!	

필히 암기 바랍니다.

더 많이 승리했으면 좋겠습니다.	I hope there will be more victories to come.
더 이상 잘 칠 수 없었습니다.(말 할 나위 없이 나는 잘 쳤습니다)	I couldn't hit the ball better.

필히 암기 바랍니다.

| 돈 내기로 내가 우승할 것이라고 나한테 돈을 걸 사람은 없었을 것입니다. 난 그저 내 길을 열심히 달렸고 결승선에 먼저 다다르기를 기대했습니다. | No one would have put any money on me. I ran hard across the line and hope I had my nose in front at the finish. |

(주) **to put money on someone/something** "누구에/무엇에 돈을 걸다". 경마가 아주 인기 있는 나라 호주 출신의 Stuart Appleby 선수가 PGA 개막전인 모 대회에서 2004년에 이어 연이어 (back-to-back) 2005년 1월 9일에도 우승한 소감을 경마 경주에 간접 비교하여 표현하였습니다.

| 두 번 우승하는 첫 번째 사람이 된다는 것은 매우 특별한 어떤 것 입니다, 하지만 18번을 걸어 올라오면서 팬들의 성원을 느끼는 것 보다 더 위대한 것은 없습니다. | To be the first one to win it twice is something very special, but there's nothing greater than the feeling walking up 18 and feeling the support. |

(주) **There is nothing better (또는 greater) than something** "무엇보다 다 좋은 것은 없다"

(예) **There is nothing better than playing golf with best friends**
친한 친구와 골프 치는 것 보다 더 좋은 건 없어

꼭의 암기 바랍니다.

| 때마침 적당한 곳에서(적시적소에) 운이 좋아 그렇게 되었습니다(겸손의 표현) | I was fortunate enough to be in the right place at the right time |

(주1) **in the right place at the right time**
"적시적소에, 때와 장소에 맞추어" (아주 유용한 관용구 입니다)

꼭의 암기 바랍니다.

(예) **If you are looking for the best restaurant, you are in the right place at the right time.**
최고의 식당을 찾고 있다면, 때 맞추어 제대로 찾아 왔습니다.

(주2) **in the wrong place at the wrong time** "부적절한 장소와 시간에"

꼭의 암기 바랍니다.

| 또 한 번 우승하면 금상첨화 이겠지만, 난 아무것도 당연하게 여기지는 않습니다. | Another win would be the icing on the cake, but I don't take anything for granted. |

㈜ the icing on the cake "금상첨화",
to take something for granted "무엇을 당연하다고 여기다"

예) **Don't take it for granted!** 당연한 것으로 받아 들이지마!

꼭히 암기 바랍니다.

라운드 내내 스스로에게 계속 얘기했습니다 "오늘은 나의 날이다. 오늘이 그 날이다"라고	All through the round, I kept telling myself, "This is my day. Today is the day"
㈜ 2004 Master 대회에서 Phil Mickelson 이 4 라운드 끝나고 극적 우승 후 한 말 입니다.	
마음 한 구석에, 필드에 나와 잘 쳐서 10위에 들면 행복하다고 생각하고 있습니다. 물론입니다. 그렇지만 우승만큼 더 좋은 것은 없습니다.	In the back of my mind, I am still happy to come out here and play well and finish in the top 10. There's no doubt about that. But, nothing is better than winning:

㈜1) 2002년, PGA Colonial 대회에서 45세의 나이에 우승한 Nick Price의 우승 소감

㈜2) in the back of one's mind "마음 한 구석에", There is no doubt about it "의심의 여지가 없다, 물론이다" (**관용구 입니다. 필히 암기 바랍니다**) Nothing is better than something "무엇보다 더 좋은 것은 없다, 즉 무엇이 최고다"

예) **Nothing is better than golf(or home)** 골프(또는 집) 보다 더 좋은 것은 없다

꼭히 암기 바랍니다.

마지막 날에 내가 63타를 치는 것은 흔치 않은 일입니다.	It is not too often I have shot 63 in the final round.
모든 것이 잘 되었고 딱 맞아 떨어졌습니다.	Everything just went right and everything just clicked.

꼭히 암기 바랍니다.

모든 샷이 때렸다 하면 클럽 한 가운데 맞았습니다.	Every shot I hit was right in the middle of the face.
밑져야 본전이라 생각하고 한 번 해보자 노력했습니다. 마지막 날이었고 마지막 기회였습니다.	There was nothing to lose and I was trying to go for it. It was the last day and last chance for me.

(주1) 2001년 8월 5일 영국 여자 오픈 대회(Women's British Open)에서 박세리 선수가 3라운드까지 선두와 4타차 뒤지고 있다가, 마지막 날 66타를 쳐서(합계 11언더) 2위인 김미현 선수(합계 9언더)를 2타 차로 누르고 3번 째 Major 대회를 우승한 후 인터뷰 내용입니다.

(주2) Go for it! 해 봐! (어렵다고 생각되는 목표를 달성하기 위해서 자신이나 남을 격려할 때 자주 쓰입니다)

보기를 범하지 않으려고 노력했습니다.	I tried not to put myself in danger of making bogeys.
(주) to put someone in danger "누구를 위험에 빠뜨리다", to put someone in trouble "누구를 곤경에 빠뜨리다"	
사람들이 얘기하는 것처럼 정상에 오르기란 참으로 어렵지만 정상을 지키는 것은 제일 힘든 일일 것입니다.	As they say, it's really hard to get to the top, but to stay there is going to be the hardest thing.
(주) As they say 대신 As people say 를 써도 됩니다.	
삼(3) 연속 버디를 잡아서 그 것 때문에 가속도가 붙었고 우승할 수 있었습니다.	I got three birdies in a row. That became a momentum and I was able to win.
선두라는 압박감을 가지고 오늘은 내가 원하는 경기를 해서 기쁩니다. 나는 오늘 내 자신을 믿었습니다.	I am pleased that I played my game under the pressure of leading. I believed in myself today
(주) to believe in somebody or something "누구의 존재함/능력을 믿다" "무엇을 옳다고 믿다". 아주 사용 되며 중요한 숙어 입니다.	
(예) I believe in God 나는 하나님의 존재함을 믿습니다.	
세(3) 홀을 남겨두고 내가 두(2) 타 차이 리드였습니다.	I had 2 shots lead with 3 holes to go.
세계 랭킹 1,2위 선수들과 같이 경기하며 그들의 경기 모습을 보고 나의 실력과 견주어 보는 것은 즐거웠습니다. 이제 나의 실력은 그들과 필적하고 있습니다.	It has been enjoying to watch world number 1 and 2 players and see my game stacks up to theirs. Right now, it's stacking up all right.

(주) to stack up "쌓다" to stack up to "견주다, 필적하다"	
스스로에게 "진정해, 참아, 내가 할 수 있다는 것을 알고 있는 그대로 해" 라고 계속 말했습니다.	I keep talking to myself "Stay calm, stay patient, keep doing what I know I can do".
시작이 좋아서 내가 앞서 나갔습니다.	I made a great start, got ahead.
(주) to make a start "시작하다", to get ahead (of someone) "누구를 앞서 나가다"	
신들린 듯 한 경험이었습니다. 퍼팅 하는데 아주 맘이 편했습니다. 볼이 구멍 앞쪽이나 가장자리로 굴러가는 것을 내가 볼 수 있다는 느낌 같은 것 입니다. 아직도 오리무중 입니다.	It's a kind of out-of-body experience. I felt really comfortable over the ball putting, and it felt like I could see everything rolling right over the front over cup, the edge over the cup. I am still kind of in a fog.
(주) out-of-body "자신의 육체를 벗어난, 자기 자신을 바깥쪽에서 보는 심령현상의" in a fog "오리무중인, 안개 속에 있는"	
십오(15) 번 홀에서의 퍼트는 정말 몸이 떨렸던 것을 인정하지 않을 수 없습니다.	I have got to admit that I was a little shaky over that putt on 15.

(주1) I have got to = I have to = I must
(주2) I must admit (that) "인정하지 않을 수 없다"

(예) I must admit (that) I made a mistake
내가 실수 했음을 인정하지 않을 수 없어 that 은 써도 되고 안 써도 됩니다

필히 암기 바랍니다.

십육(16) 번 홀에서 이글 덕분에, 오늘 공동 선두를 지킬 수 있었습니다.	I was able to retain the share of the lead thanks to the eagle at 16 hole.

(주1) to retain "유지하다" "간직하다"

(예) He retained the title 그는 선수권을 유지 하였다

(주2) retainer fee "의뢰 비용"(변호사, consultant, freelancer 에게 미리 지급하는 의뢰 비용)

195

십일(11) 번 홀에서 버디를 하면서 비로서 우승에 대해 생각했습니다.(직역: 십일 번 홀에서 버디를 할 때까지 우승에 대한 생각을 하지 않았습니다)	I did not think about winning until I birdied at the 11th hole.

(주) **not A until B** "B 하고서 비로서 A 하다"

(예) **It is not over until it is over** 게임이 끝나야 비로소 끝나는 것이다

꼭 암기 바랍니다.

아빠가 없었다면 오늘의 나는 여기에 없었을 겁니다.	I wouldn't be here where I am today without my Dad.
아이들이 태어난 것을 빼고는 이 우승이 내 생애 최고의 일입니다.	Apart from the birth of my children, this is the best thing happened to me.

(주) **apart from something** "무엇을 제외하고"

아주 매우 기쁩니다. 대단한 경기 시간이었습니다. 사실 마지막 홀에서 약간 긴장했었는데 그러나 크게 문제 되지 않았습니다. 난 해냈습니다. 코스가 굉장히 까다로웠고, 바람도 아주 강했는데, 난 이번 주 내에 아주 잘 해냈습니다.	I am very, very happy. I had a great time. Actually I was a little nervous the last hole but that was not a big thing. I did it. This course was really tough and the winds were very strong, but I did very well this week.

(주1) 배상문 선수(1986년 생, PGA 2승 포함, 프로 통산 15승)가 마지막 18번 그린에서 3 피트 파 퍼팅을 성공시키고, 기쁨에 겨워 두 팔을 하늘로 뻗으면서 CBS Sports 기자에게 영어로 말했습니다. 2013년 Byron Nelson Championship 에서 5월 19일, 26세의 나이에 PGA Tour 에서 첫 우승한 뒤, 영어로 유창하게 인터뷰 한 Reuter 기사 인용 하였습니다.

(주2) 2013년 5월 22일 자 모 신문에 실린 기사를 또 인용하면 "배상문이 그저께 미 프로골프(PGA) 대회 마지막 홀에서 우승 퍼팅을 넣자 동료들이 그린에 달려 나와 물을 부렸다. TV 생중계 팀이 카메라에 물방울이 튄 채로 그에게 마이크를 들이댔다. 배상문이 거침없는 영어로 소감을 말했다. 표현도 정확하고 발음도 매끄러웠다. 잘 모르는 사람은 그를 재미 동포로 여겼을 수도 있겠다. 그는 지난해 미국에 건너간 '토종' 한국 선수다. 세계에서 뛰는 스포츠 스타들에게 외국어 실력은 상품성이자 경쟁력이고

팬에 대한 예의다. 경기 작전을 짤 때마다, 기자회견마다 통역이 붙어야 한다면 자기부터 거북한 일이다. 배상문처럼 짧은 시간에 돋보이는 외국어를 구사하는 선수는 보지 못했다. 그가 PGA에서 우승한 세 번째 한국인이 된 것도 그 두둑한 배짱 덕분이다. 어렵게 컸으면서도 밝고 영리하고 자신 있는 스물일곱 살 골퍼. 새로운 스타 탄생을 보는 마음이 그래서 더욱 유쾌하다. 배경문은 PGA투어에 진출한 한국 선수 중 가장 어린 나이인 26세로 최경주가 지난 2002년 32세의 나이로 컴팩 클래식에서 우승했을 때보다 5년 빨랐다. 양용은은 37세였던 2009년 혼다 클래식에서 첫 승전 보를 전했다"

어떤 기분인지 말로 표현 할 수 없습니다.(너무나 기쁩니다)	Words can't explain what it feels like.
여세를 몰아붙일 수 있는 중요한 2개의 퍼팅을 성공 시켰습니다.	I made a couple of key putts to keep my momentum going.

㈜ momentum "여세, 탄력, 가속도",
Keep the momentum going! 여세를 몰아 붙여!

필히 암기 바랍니다.

열심히 난 노력했고 그 성과가 나타났습니다.	I worked hard and it paid off.

㈜ to pay off 무엇을 한 결과, 성과가 나타나다

(예) **My efforts paid off** 내 노력들이 성과로 나타났습니다

필히 암기 바랍니다.

오늘 나의 샷은 80% 정도 만족 수준이었지만 퍼팅에 관련해서는 아주 좋았습니다.	My shot was like 80 percent satisfactory today all day, but putt-wise, I did a good job on putting.

㈜ **명사 + wise** "명사에 관련해서는", business-wise "사업에 관련해서", money-wise "돈에 관련해서", sales-wise "매출에 관련해서", profit-wise "이익에 관련해서"

(예) This has been a good year profit-wise = This has been a good year with respect to the profit 이익과 관련해서 올해는 좋은 한 해 이었습니다

오늘 증명해 보일 필요가 있는 것들을 내가 증명해 보였습니다.	I proved what I need to prove today.

오늘의 기쁨은 나의 결혼과 아이들의 탄생 만이 능가 할 것입니다 정말 환상적입니다.	Only my marriage and the birth of my children will surpass this. It's fantastic.

㈜ to surpass "능가하다, 뛰어넘다"

오늘의 마음자세는 다른 때와 달랐습니다.	Today's mindset was different.

㈜ mindset "마음자세, 마음가짐"

필히 암기 바랍니다.

올림픽 경기에서 금메달을 딴 것은 나의 골프 경력과 생애에서 당연히 특별한 순간 중의 하나입니다. 기분이 아주 좋습니다. 내가 진정 원했던 것입니다.	This is definitely one of the special moments in my golfing career and in my whole life. It feels great. It's just really all I've wanted.

㈜ 박인비 선수가 2016년 브라질 올림픽에서 금메달을 딴 후에 인터뷰했던 우승 소감 입니다.

우승은 나의 평생소원 이었습니다.	The win was my lifelong dream.
우승을 아내와 딸에게 바치고 싶습니다 왜냐하면 그들은 항상 나를 응원해주었기 때문입니다.	I would like to dedicate this win to my wife and my daughter as they supported me all the way.

㈜ to dedicate "바치다, 책/음악 작품을 헌정하다"

우승이 아직 많이 실감이 나지 않지만 기분이 아주 좋습니다.	It has not great sunk in yet but it is an amazing feeling.

㈜ to sink in "스며들다, (회화체) 마음에 새기다"

우승이 요행이 아니었음을 증명하고 싶습니다. 그러나 시간이 지나면 알게 될 겁니다.	I want to prove that the win was no fluke. But, time will tell.

㈜1) fluke "요행", coincidence "우연"
㈜2) Time will tell 시간이 지나면 알게 돼

필히 암기 바랍니다.

우승하지 못하리라는 얘기에 자극 받았습니다.	I was motivated by the talk that I had no chance to win = I was motivated by being told that I had no chance to win.

운이 절대적으로 있었지만 때때로 운명의 여신은 용감한 자의 것입니다.	I definitely got lucky, but sometimes fortune favors the brave.

㈜ **Fortune favors the bold(또는the brave)** 운명의 여신은 용감한 자의 편이다

원하는 방식대로 내가 실행했던 것이 좋았습니다.	It was nice to execute the way I wanted to
위대한 순간입니다. 내가 진정으로 느끼는 것을 말로 표현할 수가 없습니다.	It's great moment for me. Words cannot express what I truly feel.
이 번 우승으로 많은 중압감을 벗게 되었습니다. 이기지 못했더라면 시간이 지남에 따라 긴장을 했을 것 입니다. 그러나 이 번 우승으로 등의 짐을 내리고 편안하게 경기에 임할 수 있게 되었습니다.	This win takes a lot of pressure off me. If I had not won, I would be tensing up as times go by. But this is a load off by back. I can go relax and play.

㈜1 **to take off** "옷, 중압감 등을 벗기다", **to tense up** "긴장하다"
㈜2 **as times go by** "시간이 지남에 따라"(필히 암기 바랍니다), **as days go by** "날이 갈수록", **as years go by** "년 수가 늘어남에 따라"

이 보다(우승 보다) 더 좋을 수는 없습니다. 그런 이유로 난 아침에 일어나 서 연습을 합니다.	It doesn't get much better than that. This is why I wake up in the morning and go to practice.
이 일로 인해 뭔가 큰 것을 이룰 수 있는 시작이 되었으면 합니다.	I hope it is the start of something big.
이기기 위해서 정말 할 수 있는 최선을 다했습니다.	I did everything that I had to do to win.
이런 날이 오지 않을 거라고 생각하지 않았습니다. 이번 우승은 최고 입니다.(직역: 이번 우승 보다 더 값진 어떤 것을 기대할 수가 없습니다)	I didn't think that this day isn't going to come. I couldn't hope anything better than this win.
이런 일이 일어났다는 것이 믿어지지 않습니다 난 매우 행복합니다.	I couldn't believe it was happening like that and I am just over the moon.

㈜ **over the moon**: 영국영어로서 "매우 행복한" 이란 뜻임

이렇게 행복한 가정을 갖고 있는 나는 이 세상에서 가장 운이 좋은 사람입니다.	I am the luckiest guy in the world having such a wonderful family.

㈜ 2004년 Masters 대회에서 우승한 후 Phil Mickelson 선수의 소감 한 마디

선수약력 : 필 미켈슨(Phil Mickelson)

19070년 생. 왼손잡이 골퍼(**left-handed golfer=lefty golfer**). 메이저 5승(**Masters**: 2004, 2006, 2010, **PGA Championship** 2005, **The Open**: 2013, **US Open** 만 우승을 하지 못하고 2위만 6번 기록) 포함 **PGA** 42승, 프로 통산 51승. 세계 2위만 수 차례하고 1위 한적은 없음. 명예의 전당 2012년 가입

이보다 더 좋을 수는 없습니다. (최상입니다)	It couldn't be any better.

㈜ 아주 자주 쓰입니다.

필히 암기 바랍니다.

잊지 못할 기억에 남는 날이 될 것입니다.	This will be a memorable day that I cannot forget.

필히 암기 바랍니다.

자신감이 여태껏 경기하였던 동안 지금 최고조에 있습니다. 그것은 내게 큰 의미가 있습니다.	My confidence is at an all-time high in my career right now. It means so much to me.

㈜ **all-time high** "역대 최고치(명사)", **at all-time high** "역대 최고치에"

재충전 할 시간이 필요하고 몸도 치료하고 가족과 친구랑 함께 지내겠습니다.	I need time to recharge my batteries, let my body heal and hang out with my family and friends.

㈜ **to hang out with someone** "누구와 함께 시간을 보내다"(회화체에서 아주 자주 쓰입니다)

필히 암기 바랍니다.

지금 약간 어안이 벙벙합니다 그러나 우승 확정 후 18홀을 향해 걸어간 느낌은 내 생애에 최고였습니다 그 기분을 못 잊을 것입니다. 등골이 오싹합니다.	I am a little bit numb right now, but that walk up 18 was the best feeling in my entire life, and I will never forget that feeling.

㈜ **numb** "감각을 잃은, 얼어서 곱은"

지는 것은 생각도 안 해봤습니다.	Losing hasn't even crossed my mind.

㈜1) 2004 Ryder Cup 대회에서 유럽 팀과의 경쟁을 앞두고 미국 팀의 captain (Hal Sutton) 의 말 입니다.
㈜2) **to cross one's mind = to come into one's mind** "생각이 나다, 머리에 떠오르다"

칩 샷이 아주 좋았고 아주 완벽하게 먹혔습니다.	I hit great chip shots and it worked absolutely perfect.

㈜ **to work** "효과가 나다(자동사)"

퍼팅에 약하면 이번 대회에서 우승할 수 없을 겁니다.	If you are not a good putter, you are not going to win this tournament.
퍼팅이 잘돼서 게임이 잘 됐습니다.	I've been putting better, so I've been playing better.
필요했던 것은 안전하게 파 작전으로 가면서 기회가 되면 버디를 잡는 것이었습니다.	What I needed was position myself to have a reasonable chance of making birdies.
하나님께 기도 드리고, 잘 먹고, 노래 몇 개 부른 후, 푹 잘 겁니다.	I will pray, I will eat well, I will sing some songs, I will have a good sleep.

㈜ 삼(3) 라운드 단독 선두를 1 타 차로 지킨 후 기자와의 인터뷰에서 최경주 선수가 통역원을 거쳐 한 말 인대, 4라운드 중계 때 해설자가 그대로 인용하였으며, 결국 마지막 4라운드 에서도 최경주 선수의 끈기와 노력과 기술과 배짱을 바탕으로 한국인 최초의 PGA 우승을 해 냈습니다.

하늘로 날아갈 듯한 느낌입니다. 내가 승리한 사실을 믿을 수가 없습니다.	I feel on top of the world. I just can't believe my win.

㈜ **on top of the world (회화체)** "날아갈 듯이 행복한, 매우 기쁜"

하루 종일 긴장했습니다.	The nerves were there all day.
한 번에 억지로 퍼트를 집어넣으려고 하지 않고 홀에 붙이려고만 해서 부담스러운 2번째 퍼트를 하지 않으려고 했습니다. 그것이 우승의 관건이었습니다.	I didn't force any putts to go in and made sure I didn't leave myself any tricky second putts, and that was the key of this win.

(주1) **to force** "강제로 무엇을 하다, 강요하다"

(예1) **Don't force!** 나한테 강요하지마!
to make sure "확실히 무엇을 확인하다"
(예2) **I am calling to make sure (that) you can play golf tomorrow**
내일 네가 골프 칠 수 있는지 확인 차 전화했어
(예3) **Make sure nothing goes wrong!** 절대 차질이 없도록 확실히 해!

(주2) that을 써도 되고 안 써도 됩니다. 빈도수가 아주 많습니다.

예로 든 세 문장 모두 필히 암기 바랍니다.

행복함을 말로 표현할 수 없습니다.	I can't describe my happiness with words.

(주) **to describe** "서술하다, 묘사하다" = **to express**

홈 관중 앞에서 경기하는 것은 항상 기분 좋은 일이지만, 이런 식으로 우승한다는 것은 더할 나위 없이 좋습니다.	It is always great to play in front of home crowd but to win in this manner is even better.

(주1) **in this manner** "이런 식으로"
(주2) **even** "비교급을 강조하여 훨씬"

(예) **even better** "훨씬 나은"

필히 암기 바랍니다.

Golf Rules Quiz
골프 규칙에 대한 퀴즈

16. 네/아니오
그린 위에서 플레이어가 자기 공을 문질러 닦을 수 있는 가?
May a player clean his ball by rubbing it on the putting green?

14-4. 다른 선수에 대한 칭찬

그렇게 먼 50피트 거리에서 퍼팅을 잘해서 첫 우승을 일궈낸다는 것은 쉬운 일이 아닙니다 양용은 선수에게 경의를 표합니다.	From 50 feet, it's not easy to do that to win his first golf tournament. My hat's off to him.

㈜ 2009년 3월 9일, PGA 모 대회에서 우승한 양용은 선수에 대한 2위 선수의 말

우승하지 못해 실망스럽지만 신지애 선수가 너무 잘했습니다. 모든 영예는 그녀 것입니다.	I am disappointed I didn't win, but she played great, all credit to her.

㈜ 2009년 3월 9일 같은 날, LPGA 2009 모 대회의 신지애 선수 우승에 대한 2위 선수의 말

예) **All credit should go to her** 모든 공(칭찬)은 그녀에게 주어져야 합니다.

필히 암기 바랍니다.

선수약력 : 신지애(Shin Jiyai)

1988년 생. 메이저 대회 2승 포함, LPGA 11승, KLPGA 21승, 일본 투어, 유럽 투어까지 포함하면 프로 통산 47승. 2010년/2011년 걸쳐 25주 동안 세계랭킹 1위를 차지하는 첫 아시안 골퍼의 주인공

경의를 표합니다 난 그녀에게(직역: 난 그녀에게 모자를 벗습니다)	My hat is off to her

㈜ **one's hat off is to someone** "누구에게 모자를 벗다, 경의를 표하다"

예)	**My hat is off to you** 당신에게 경의를 표합니다

꼭! 암기 바랍니다.

골프의 전설과 같이 경기를 하게 되어서 영광이었습니다.	I was honored to play with golf legend.
(주) **be honored to do** "무엇을 하게 되어서 영광이다"	
골프장에서나 밖에서도 나는 그를 많이 존경 합니다.	I have a lot of respect for him on and off the course.
마치 다른 세상에서 온 사람 같았습니다.	He was just on another planet = He was in a different league
(주1) 2005년 1월 30일 열린 Turtle Bay Championship(Senior PGA 대회)에서 59세의 나이에 PGA 와 Senior PGA 사상 합쳐서 처음으로 5연속 우승한 Hale Irwin 선수에 대해, 5타 차이로 준우승한 Dana Quigley 선수가 칭찬한 말 (주2) **planet** "행성, 혹성", **be on another planet** "다른 세상에서 온 사람처럼 비현실적으로 생각하는 사람. 4차원 같은 사람" (주3) **be in a different league** "누구보다 훨씬 뛰어나다" = to be much better than something or someone else	
예)	**He was in a different league** 그는 차원이 우리와 달랐어(major league와 minor league 수준 차이처럼). 두 가지 관용구 미국 드라마, 영화에 의외로 자주 나옵니다.

꼭! 암기 바랍니다.

우리는 막상막하의 경쟁을 하였습니다.	We went at it head to head.
(주) **to go at someone/something** "상대방을 강력히 공격하다, 힘과 노력을 다하다", **head to head** "막상막하의"	
믿기지 않을 정도로 그가 잘했지만 운이 내 쪽에 있었습니다. 그가 진정한 우승자 입니다.	He played unbelievably well, but I was in the lucky side. He is the real champion.
어떻게 느끼는지 말로 표현하기 어렵습니다. 나는 샷이 좋았고 경기도 잘했지만 그(필 미켈슨)가 대단한 퍼트를 거기서 성공 시켰습니다. 어려운 홀에서 말입니다. 그는 우승할 자격이 있습니다.	It is hard to explain how I feel now. I had a great shot at it. I was playing good, played well. He made a great putt there. It is a tough hole. He deserved to win.

(주1) 2004 Masters 대회 마지막 날 마지막 18번 홀에서 Phil Mickelson 선수가 버디 퍼트를 성공시켜 결국 연장전 돌입이 안된 상황에서 Ernie Els가 한 말. 2004년 Masters 우승이, 미켈슨 선수의 첫 메이저 대회 우승이 되었고, 이를 계기로 그는 자신감이 붙어, 현재까지 모두 5번의 메이저 대회를 우승했습니다.

(주2) 최경주 선수는 마지막 날 미켈슨 선수와 같은 69타를 치고 당당히 3위에 올라 상금을 U$442,000을 획득 하였습니다.

(주3) to deserve 명사 또는 to do "❶ 긍정적으로 무엇을 받을만하다, 누릴 자격이 있다 ❷ 부정적으로 무엇을 당해도 마땅하다" (두 가지 경우 모두 자주 쓰이는 매우 중요한 단어 입니다. 필히 암기 바랍니다)

예	I'll never forget this. I was really excited to finally see Phil get a major win. He really deserved it. Phil Mickelson is one of the best golfers I've ever seen in my life. Phil is my favorite golfer of all time. (독자들이 꼭 외우셔야 하는 표현들이 여러 가지 포함되어 있어 YouTube 동영상에 어떤 fan 이 올린 글을 그대로 인용합니다. "나는 이것을 절대 못 잊을 것이다. 필 선수가 마침내 메이저 대회에서 우승하는 것을 보고 너무 흥분이 되었다. 그는 정말 우승할 자격이 있는 선수다. 필 미켈슨은 내 생애 보아온 선수 중 최고 선수 중 한 명이다. 필은 역대 선수 중 내가 매우 좋아하는 선수다")

(주4) You Tube 동영상에 "Phil Mickelson's first major win the 2004 Masters", 3분 38초짜리 동영상을 감상하시기 바랍니다

엄청난 샷을 날린 스티브 선수에게 모든 칭찬을 돌리고 싶습니다.	I'd like to give full credit to Steve who hit marvelous iron shot.

(주) to give full credit to someone = to give someone full credit for something "특별히 잘한 일을 칭찬하다" 뜻이며, 다른 사람이 잘한 것에 대한 칭찬을 할 때 쓰이는 고급 표현 입니다.

오늘은 나의 날이 아니었고, 오늘은 내 경쟁자의 날이었습니다.	Today was just not my day. Today, it was my rival's day.
타이거 우즈 선수에 대해 내가 좋아하는 점은 그의 직업 정신 입니다. 나는 그의 집중력을 좋아하고, 그는 최고가 되기를 원합니다.	What I've always liked about Tiger is his work ethic. I like his focus, and he wants to be the best.

(주) Jack Nicklaus 선수가 Tiger Woods에 대해 한 얘기 입니다 work ethic "직업 의식, 근면"

> **예** The best is yet to come. Be the best! 최고의 순간은 아직 오지 않았어. 최고가 되어봐!

꼭이 알기 바랍니다.

Golf Rules Quiz
골프 규칙에 대한 퀴즈

17. 네/아니오

페어웨이에 놓여있는 A와 B의 공이 매우 가까이 붙어있다. A의 차례가 되어 너무 가깝게 붙어있는 B의 공을 마크한 후 치워달라고 했다. 이 때 B는 치운 공을 닦을 수 있는가?

A's and B's balls lie closely together on the fairway. It is A's turn to play, however, B's ball lies too close. Thus, A asks B to mark and lift his ball. Is B then allowed to clean his ball?

14-5. 잘한 경기 내용에 대한 답변

게임 향상을 위해 노력을 많이 했는데 그 효과를 보는 것 같습니다.	I did a lot of work on my game and it seems to be paying off.

꼭이 알기 바랍니다.

게임내용이 좋아졌습니다. 난 만족합니다.	I've elevated(=improved) my game. I am happy with that.
게임이 나한테 유리하게 뒤집었습니다.	I turned the game into my game.
게임이 내가 원하는 수준에 매우 근접해 있습니다.	My game is very close to where I want it to be.
경기 결과에 만족합니다(직역: 내가 운영한 방식에 대해 만족합니다)	I am happy with the way my game is coming along.
경기 타법 내용면에서 나는 만족합니다.	I am happy with my strokes today.
경기 방식에 아주 흡족합니다.	I am certainly pleased the way I did.

경기에 만족스럽고 내 점수에 기분이 좋습니다.	I am happy with the round and I am delighted with my score.
경기하고 싶을 때 나가서 경기하고 연습하고 싶을 때 나는 연습합니다.	I just play when I like to play and practice when I like to practice.

㈜ 2008년 7월 20일 British Open 에서 53세의 나이에 3위 한 Greg Norman 선수가 기자회견에서 한 말 입니다.

(예) **Work hard, play hard!** 일 할 때 열심히 일하고 놀 때도 열심히 놀아!

필히 암기 바랍니다.

곤란을 잘 버티려고 했을 뿐입니다.	I just tried to hang in there.

㈜ **to hang in there** "미국영어로서 곤란한 상황을 꿋꿋하게 헤쳐나가다"

골프에서 특히 많이 나오는 표현 입니다. 필히 암기 바랍니다.

금주에 진전을 보여 기쁩니다.	I am pleased the progress that I made this week.

㈜ **to make progress** "진전하다, 진보하다"

꿋꿋하게 버텨서 좋은 성적으로 끝낸 내 자신이 자랑스럽습니다.	I am proud of myself for hanging in there and finishing strong.
나는 오늘 내가 필요한 것들을 했을 뿐 입니다.	I just did what I need to do.
내 방식대로 경기했습니다.	I played a game with myself.
내 자신에게 격려의 말을 해 주었습니다 "이봐! 넌 좋은 선수야 넌 이 것을 해 낼 수 있어"	I gave myself a pep talk. "Come on, you are a good player. You can do this"

㈜ **pep talk** "격려의 말, 격려 연설"

노력이 헛되었다고 생각하지 않습니다.	I don't think that I have labored in vain.

㈜ **to labor** "노동. 근로"(명사), "공을 들이다, 노동하다"(동사). 여기에서는 동사로 쓰였습니다. **in vain** "헛되이"(중요한 숙어 입니다)

필히 암기 바랍니다.

다시 잘 칠 수 있는데 너무 늦는 법은 없다고 스스로에게 계속 말했습니다. 호전되어 기쁩니다.	I kept telling myself it's never too late to play well again. I am glad that turning around.

(주) **It's never too late** 결코 늦지 않았어 **Better late than never**
❶ 아주 안 오는 것 보다 늦는 게 나아 ❷ 아예 안 하는 것 보다는 늦더라도 하는 게 나아 (아주 자주 쓰입니다), **turning around** "호전. 전환"

두 문장 필히 암기 바랍니다.

두 주 휴식을 하고 나서, 나는 경기를 잘하고 있습니다.	After two weeks layoff, I am playing very well.

(주1) **layoff** "❶ 운동선수 등의 활동 정지 휴식 기간 ❷강제 해고 휴직"
(주2) **layoff** 대신 **break** 를 써도 됩니다만, **break**는 일반적으로 "짧은 휴식시간" 에 씁니다.

(예) **Let's have 10 minutes coffee break**
10분 동안 커피 휴식 시간을 갖자.

필히 암기 바랍니다.

마음을 가다듬을 수 있는 샷 이었습니다.	It was a mindset shot.

(주) 2002 Masters Final Round 의 Phil Mickelson 선수가 Bunker Shot 을 pin에 갖다 붙였을 때 한 표현 입니다, **mindset** "마음가짐. 사고방식"

(예) **Golf is a kind of mindset game** 골프는 일종의 마음가짐의 경기이다

마침내 구(9) 번 홀에서 나의 잘못을 바로 잡았습니다.	I finally righted myself on No 9.

(주) **to right**: 동사로 "잘못을 바로 잡다"

매 홀 마다 페어웨이에 안착 시켰습니다. 이건 큰 보너스입니다. 일단 페어웨이에 안착 시키면 좀더 공격적인 경기를 할 수 있습니다.	I hit every fairway. That's a big bonus. Once you hit the fairways you can be a little more aggressive.

(주1) **Once** "일단 무엇을 하면"

(예) **Once you make up your mind, make it happen!** 일단 마음을 먹었으면 실행에 옮겨!

(주2) **to make up one's mind** "마음먹다. 결심하다", **make it happen** "실행에 옮기다. 실천하다" (모두 아주 자주 사용되는 숙어와 표현들 입니다)

모든 것을 고려하면 내 경기 결과에(직역: 방식에) 매우 기쁩니다.	All things considered, I am very pleased with the way I played.

㈜ **all things considered** "모든 것을 고려하면", **generally speaking** "일반적으로 말하면", **overall** "대체로(부사)", 모두 자주 사용 됩니다.

상대 선수들 보다 우리가 잘 싸웠습니다.(팀 경기에서)	We were better than the other side.
예선 탈락 후 마음을 다스리고 다시 경기를 잘하기 시작했습니다.	After missing the cut, I pulled it together and started playing well.

㈜ **to pull together** "마음을 가다듬다"

오늘 나는 공을 부드럽게 치는데 집중했는데 당연히 그 것이 효험이 있었습니다.	Today I just concentrated on hitting it smoothly and it certainly worked.

㈜ **to concentrate on = to focus on** "집중하다"

오늘 난 공을 깔끔하게 정말 잘 쳤습니다.	I really hit the ball clean today.
오늘 따라 홀이 크게 보여 많은 퍼트를 성공시켰습니다.	The hole looked pretty big to me today and I made a lot of putts.
오늘은 아주 좋았습니다. 1부터 10까지 점수를 매기면 8점 입니다.	Today was very good. On a scale from 1 to 10, it was probably eight.

㈜ **on a scale from 1 to 10** "1에서 10까지의 저울 눈금 등급으로"

(예) Please evaluate team leader's job performance on a scale from 1 to 10. 팀장의 일 성과를 1에서 10까지 점수를 매겨 주시기 바랍니다.

올해 들어 처음으로 아침 시간에 티 오프 시간을 배정 받아 기분이 좋아 상큼한 출발을 하였습니다.	This was the first morning tee off time that I had all this year, so it feels good to get off a good start.

(주) Annika Sorenstam 선수 인터뷰 내용 인용. 보통 오후 시간에 티 오프 시간을 배정 받던 그녀가 다른 선수들이 그린을 밟기 전 아침에 치게 되어서 오히려 기분이 좋았다는 뜻입니다.

올해에 경기 내용을 향상시킨 것 같습니다.	I feel like I've elevated my game this year.

(주) to elevate "❶ 향상시키다 = to improve, ❷ 승진시키다 = to promote, ❸ 들어올리다", elevator "승강기, 엘리베이터"

이(2) 라운드 성적은 보기가 없는 라운드 이었습니다. 나는 만족합니다.	My 2nd round was bogey-free round. I am happy with that.

(주) bogey-free "보기가 없는", problem-free "문제가 없는", flawless "무결점의" impeccable "흠 잡을 데 없는"

(예) impeccable customer service 흠 잡을 데 없는 완벽한 고객 서비스(고급 문어체에 많이 쓰입니다)

암기해 두면 좋습니다.

이러한 순위에 있다는 게 나는 놀라지 않습니다. 오히려 자주 내가 이런 순위에 있지 못했던 것에 대해 놀랄 뿐 입니다.	I am not surprised to be in this position. I am just surprised that I've not been here more often.
일(1) 라운드 경기에 만족합니다. 처음부터 끝까지 안정된 경기를 펼쳤고 파 5 홀들을 잘 이용했습니다.	I am very happy with my first round. I played solid from start to finish and took advantage of the par fives.

(주) from start to finish "처음부터 끝까지", to take advantage of somebody/something "누구를 이용하다, 무엇을 기회로 활용하다"

일(1) 주일 내내 잘 쳤지만, 주어진 버디 기회를 살리지 못했습니다.	I played well all week, but just didn't convert the birdie chances I gave myself.
전반적으로 오늘 게임에 만족합니다.	Overall, I am pleased with way that I played today.

정신적으로 두 개의 실수를 저질러 몇 타 손해 보았지만 나중에 만회하였습니다.	I made a couple of mental errors that cost me a few strokes but then came back strong.
줄곧 끝날 때까지 내가 플레이한 방법에 아주 만족합니다.	I am pleased with the way I played coming down the stretch.

㈜ **down the stretch** "끝날 때까지"

중압감 속에서 나는 경기를 더 잘 하는 경향이 있습니다.	I tend to play better under pressure.

㈜ **to tend to do** "무엇을 하는 경향이 있다", **tendency** "경향(명사)"

예) When pressure is on me, I have tendency to hit left 중압감이 있을 때 나는 공을 왼쪽으로 치는 경향이 있습니다

초반에 탄력을 받아 계속 유지하게 되어 65타로 마감 하였습니다. 오늘 내 경기에 만족합니다.	I was able to build on the early momentum and I kept it and I made it closing with 65. I am happy with the way I played today.

㈜ **be able to do** "무엇을 할 수 있다", **momentum** "탄력, 가속도"

투(2) 언더 이면 일(1) 라운드 성적으로 좋은 시작이라고 생각했는데, 내가 투(2) 언더 이니 괜찮은 편 입니다.	I felt two under par would be a good start and I am two under which is fine.
퍼팅을 2개 성공시키고 이것을 시작으로 내 쪽으로 게임의 탄력을 받았고 여세를 몰아쳤습니다.	I made a couple of putts and got things rolling and got the momentum on my side and just kept it rolling.

㈜1) 2006년 9월 28일 WGC Champions 1라운드에서 타이거 선수가 63타로 선두 차지 후 interview 기사 인용
㈜2) **to get things rolling** "행동을 시작하다 = to start an activity"
㈜3) Let's get rolling! = Let's get started! 시작하자!
㈜4) Let's get going! = Let's get moving! = Let's go! 출발하자. 가자!
㈜5) Let's rock and roll! 신나게 놀아보자!

예로 든 일곱 문장 모두 필히 암기 바랍니다.

Golf Rules Quiz
골프 규칙에 대한 퀴즈

18. 네/아니오
당신이 페어웨이로 친 공에 깎아놓은 잔디가 묻어 있을 경우 이를 제거 할 수 있는가?
Your ball lies on the fairway and some loose cut grass is adhering to it. Are you allowed to remove the grass?

14-6. 잘못한 경기 내용에 대한 답변

개인적인 내 견해로 보건대 내 퍼팅은 참 한심했습니다.	From my perspective my putting was very pathetic.
㈜ from my perspective = from my point of view "내 견해로는" (필히 암기 바랍니다) pathetic "한심한, 불쌍한"	
게임을 잘 할 수 있는 수준까지 나는 현재 분명히 잘하지 못하고 있습니다만, 내가 노력하고 있는 것들이 효과가 나타나기 시작하면 나는 다른 단계에 이르게 될 것 입니다.	I have certainly not played well up to the level that I can play at, but the things that I am working on will hopefully kick in and will take me to another level.
㈜ to work on someone/something "누구에게 공을 들이다, 환심 사려고 작업을 걸다" "무엇에 노력을 기울이다, 착수하다" (매우 자주 쓰이고 아주 중요한 숙어 입니다)	
예 **I am working on it** (난 그 일에 착수하고 있는 중이야) (필히 암기 바랍니다), **to kick in** "효과가 나타나기 시작하다"	
게임을 좀더 적극적으로 하려고 계획했는데 완전히 화근이 되었습니다.	My game plan was to be a little more aggressive and it totally backfired.
㈜ totally "완전히, 전적으로" to backfire: "예상을 뒤엎다, 불리한 결과를 초래하다"	
경기란 잘 할 때도 있고 못 할 때도 있는데 오늘은 잘 못 한 것 같습니다.	I have my own ups and downs. I guess this is my down time.

공을 잘 쳐서 만족합니다만, 점수는 그다지 좋지 않았습니다.	I am happy with the way I have been striking the ball, but I have not scored that well.

㈜ **score** "득점"(명사), "득점하다"(동사), 여기에서는 동사로 쓰였습니다.

그 샷 때문에 내 자신을 실망스럽게 만들지 않았습니다 왜냐하면 그것이 골프이기 때문입니다.	I didn't let it get me down because that is golf.

㈜ **to get someone down = to let someone down = to disappoint** "실망 시키다"

예) **Don't get me down = Don't let me down! = Do not disappoint me!** 나를 실망 시키지마!

세 문장 모두 필히 암기 바랍니다.

금요일, 토요일 라운드에 잘못 쳤습니다. 그것 때문에 마음이 서운합니다.	I didn't play good on Friday and Saturday. That's what hurt me.

㈜ **to hurt someone** "누구를 다치게 하다, 마음을 서운하게 만들다"

기대했던 결과에 못 미쳤습니다.	It wasn't quite the result I was hoping for.
나는 오늘 고전 했습니다. 숏 게임을 제대로 할 필요가 있습니다.	I had a struggle today. I need to shape up my short game.

㈜ **struggle** "힘든 것, 힘든 일",
 to shape up "일을 제대로 하다. 성과를 내다"

나는 오늘 게임 내용이 굴곡이 심했습니다.	I have been up-and-down = My game has been up-and-down.
나의 오늘 성적은 시원치 않지만 긍정적으로 사물을 볼 필요가 있습니다.	I am not happy with today, but I need to look at the bright side of things.

㈜ **to look at the bright side of things** "긍정적으로 사물을 보다"

필히 암기 바랍니다.

난 오늘 드라이브 샷을 일관되게 쳤고 결과도 좋았는데, 문제는 형편 없는 퍼팅 이었습니다.	I drove through the ball consistently, so the result was good, the problem was my poor putting.
난 작년만큼 올해 성적이 좋지 않았습니다(직역: 작년만큼 재미를 보지 못했습니다). 하지만 오늘 게임을 아주 못한 것은 아닙니다.	I didn't have much fun this year as much as I did last year. I didn't play badly.
날씨로 인한 경기 지연으로 인해서 나는 집중과 리듬에 애를 먹었습니다.	I struggled to maintain my focus and rhythm because of weather delays.
내 경력상 가장 터무니없는 스윙을 구(9)번 홀에서 한 것 같습니다.	I think I made the most terrible swing in my career on the ninth.
내 수준에 못 미치는 경기를 했습니다.	I didn't play quite up to my standard.
내가 만족할 만큼 경기를 못했습니다.	I didn't play as well as I like.
내겐 아주 실망스러운 날이었습니다.	To me, it was very much disappointing day.
마무리를 분명히 잘못해서 실망이 크지만 골프란 그런 겁니다.	It's obviously disappointed with the way I finished but that's golf.

㈜ **obviously** "분명히, 확실히"

영어에서 아주 자주 사용되는 부사입니다. 필히 암기 바랍니다.

마음 고생이 아주 많았습니다, 특히 지난 3 주 동안은	There was a lot of pressure on me, especially over the last 3 weeks
마음의 부담이 컸습니다.	I had a lot of pressure on me.
마지막 세 홀을 남기고 투 오버 파를 쳐서 아주 입맛이 씁니다 (나쁜 인상을 남겼습니다)	Two-over for the last three holes left a really bad taste in the mouth

㈜ to leave a nasty(또는 bitter, bad) taste in the mouth "입맛이 쓰다, 나쁜 인상을 남기다"	
맘 먹은 대로 잘 경기를 하지 못했습니다.	I didn't play as well as I would have liked.
㈜ as I would have liked "내가 원했던 것 만큼"	
몸 상태가 다소 좋지 않은 느낌이었습니다.	I was feeling somewhat under the weather.
㈜ under the weather "몸 상태가 좋지 않은"	
불행하게도 오늘은 운이 따라주지 않았습니다. 오늘은 특히 퍼팅에서 내게 운이 없었습니다.	Unfortunately, it was not my day. Luck was just not with me today especially with my putts.
㈜ unfortunately "불행하게도, 운 나쁘게"	
상대 선수가 버디 퍼팅을 항상 노리는 동안, 난 간신히 그럭저럭 버텨 나갔습니다.	While he was always putting for birdie, I was scrambling.
㈜ to scramble "간신히 그럭저럭 해내다" (to go up and down 과 비슷한 뜻)	
새로운 putter 로 바꾸었습니다. 그것으로 인해 큰 차이가 있었습니다.	I changed my putter with new one. That made a big difference.
㈜ That doesn't make any difference 별 차이 없어. 그게 그거야, 거기서 거기야, 도토리 키 재기야.	
슬럼프에 빠져 있었다고 생각하지는 않습니다.	I don't think I have ever been in slump.
실망스럽고 내가 경기한 내용에 스스로에게 화가 납니다.	I am disappointed and I am angry with myself for the way I played.
실망스럽지만 최선을 다했습니다.	I am very disappointed, but I gave it my all.
㈜ I gave it my all = I did my best = I did the best I can = I gave it my best shot 난 최선을 다했어	

네 문장 모두 필히 암기 바랍니다.

실망하지 않습니다. 내 마음속으로 최선을 다 했다는 사실을 알고 이곳을 떠날 것 입니다.	I am not disappointed. I am going to leave here knowing in my heart that I gave it my all.
어떤 퍼팅은 들어가고 어떤 퍼팅은 안 들어갔습니다. 모든 사람들이 그랬던 것처럼 저도 그랬습니다.	I had some putts that went in and some putts that didn't go in, just like it was for everybody.
오늘 그녀는 쉬운 경기를 했고 나는 어려운 상황 속에서 잘 버텼습니다.	She had an easy match today, and I had to tough it out.
(주) to tough it out "어려운 상황에서 잘 버티다"	
오늘 리듬감이 좋지 않았습니다. 내가 원하는 만큼 경기를 잘 못 했습니다. 퍼팅이 안 들어갔습니다. 퍼팅 개선을 위해 공을 들여야 할 것 같습니다.	I was just out of rhythm today. I didn't play as well as I wanted. The putts just didn't fall. I think I need to work on my putting.
오늘은 불만스러운 날이었습니다. 더 잘 칠 수도 있었는데, 퍼팅이 전혀 들어가지를 않았습니다. 그것이 실망스럽습니다.	Today was a very frustrating day for me. I think I could've done a lot better but none of my putts went in, so that was disappointing.
(주) frustrating "불만스러운", disappointing "실망스러운"	
오늘은 그럭저럭 꾸려나갔습니다.	Today was scrambling day.
(주1) scramble "그린 적중 율(Green In Regulation)은 낮았지만 short game으로 마무리를 잘해 par나 birdie로 마무리 하는 경우 쓰는 표현" (주2) scrambled egg 우유 등 다른 것과 휘저어서 만든 계란 요리	
오늘따라 나는 경기가 안 풀렸습니다.	Just today was not my day.
(주) I was not myself today 오늘따라 이상하게 안 맞았어(=오늘은 컨디션이 안 좋았어) *두 문장 모두 필히 암기 바랍니다.*	
오늘의 경기는 어제만큼 좋지 않았습니다.	Today's round was not so good as yesterday's.

이번 주 나의 숏 게임은 약간 불안했습니다.	This week my short game was a little bit shaky.

㈜ to shake(동사) "흔들다. 흔들리다" shaky(형용사) "흔들리는"

일(1) 라운드 성적은 원했던 만큼 성적을 못 냈습니다.	It was not the way that I wanted to finish the 1st round.
입에 쓴 맛을 느끼면서 골프장을 떠났습니다. 하지만 예전에도 그런 적이 있었고 또 그런 일이 발생할 겁니다.	I left the golf course with a bad taste in the mouth, but it's happened before and it will happen again.

㈜ The British Open을 5번 우승했던 Tom Watson 선수가 2003년 The British Open 1 round 를 마치고 한 말 입니다

선수약력 : 톰 왓슨(Tom Watson)

1949년 생. 1970년대 1980년 대 활약한 대단한 선수. 1978부터 1982년 까지 세계랭킹 1위. 상금 왕 5번. 메이저 대회 8번(The Open: 5 번, Masters: 2 번, US Open: 1 번, PGA Championship 1978년 대회에서 2위를 하여, Career Grand Slam 을 달성 못함) 포함, PGA 39승, 프로 통산 71승. 특히 해변가에 있는 links 코스에 강함(영국 The Open 5 번 뿐 만 아니라, Senior British Open Championship 에서도 3 번 우승: 2003, 2005,2007). 필자도 아직 기억이 생생하고 아쉬웠던 경기는 2009년 영국 The Open Championship 경기(1983년 톰 왓슨 선수가 The Open 에서 우승하고 26년 만에 재도전) 거의 60세 나이에 2라운드, 3라운드까지 경기에서 선두에 있어서, 골퍼들에게 초미의 관심사가 되었는데, 마지막 날 마지막 홀에서 8 피트(2.4 미터) 거리의 버디 퍼트만 성공하면 잭 니클라우스 선수의 46세 최고령 메이저 대회 우승 기록을 깨고 우승 할 수 있었는데, 결국 실패하여, 연장전에서 Stewart Cink 선수에게 패해 너무나 안타까웠음 ㈜ You Tube 동영상에서 "Tom Watson Open 2009"를 검색하면 7분57초짜리 동영상이 A hell of story (지옥과도 같은 이야기) 를 감상하실 수 있습니다.

전반 나인(9) 홀은 내가 노련한 경기를 했고 후반 나인(9) 홀은 녹슨 경기를 했습니다.	It was vintage Greg on the front nine and rusty Greg on the back.

㈜1 2004년 호주의 한 골프 경기에서 참석했던 Greg Norman 선수가 자신의 경기에 대해 스스로 평가를 내린 말 입니다.

(주2) **vintage**: "최고의, 유서 깊은(형용사), 제작연도가 명기된 유서 깊은 제품(명사)"	
(예) vintage wine, vintage car	
제대로 경기를 했더라면 연장 전도 없었을 겁니다.(너무 못 쳐서 후회한다는 간접 표현)	If I had played the way I should have, there should not even been a play-off.
(주) **play-off** 결승 연장전 경기, **sudden death**: 연장전 단판승부	
제때에 올바른 샷을 날리지 못했을 뿐입니다. 골프라는 게 그렇습니다.	I just haven't made the right shots at the right time. That's the golf!
지난 5년 동안 내 스윙에 대해 강박관념에 사로 잡혀 있습니다.	I have been obsessed with my swing over the past 5 years.
(주) **be obsessed with something** "무엇에 대해 강박관념에 사로 잡혀 있다" (자주 사용됩니다)	

필히 암기 바랍니다.

최선을 다해서 경기했지만 결과는 그렇게 되지 않았습니다.	I played my heart out today but it just didn't happen.
(주) **to play one's heart out** "끝까지 해내다"	
티잉 그라운드부터 그린까지는 완벽했습니다. 하지만 그린부터 컵까지 상태는 좋아야 할 만큼 좋지 않았습니다.	Tee to green was perfect, but green to hole was not so good as it should be.
(주) **not so good as it should be** "좋아야 하는데 그 만큼 좋지 않았다" 라고 할 때 아주 자주 쓰입니다.	
(예) The bottom line is our profit is not so good as it should be 결론은 수익이 좋아야 할 만큼 그리 좋지 않았습니다.	

필히 암기 바랍니다.

파 파이브(5), 구(9) 번 홀에서의 보기로 승기 여세를 놓쳤습니다. 그래서 모든 게임이 잘 안 풀렸습니다.	I lost my momentum with a bogey at the par-five ninth. That's what slowed the whole thing down.
(주) **to slow down** "속도를 늦추다, 둔화시키다"	

퍼팅이 너무 저조해서 롱 게임에 기대를 많이 하게 되었는데 그것은 내게 큰 부담이 되었습니다.	Because my putting was terribly poor, I was relying on my long game. That puts a lot of pressure on me.
(주1) **to rely on**(= to depend on = to count on = to rest on = to lean on) **somebody/something** "기대다, 의지하다" (다섯 개 모두 필히 암기 바랍니다) (주1) **to put pressure on someone** "누구에게 압박을 가하다"	
페어웨이에 안착하기도 전에 그린에서 어떤 퍼팅을 할 까 생각했었습니다. 나는 너무 앞서 서둘러 생각했었습니다. 그래서 그런 일이 생긴 겁니다.	I was thinking about what kind of putt I was going to have before I ever hit the fairway. I got ahead of myself and that's what happens.
(주) **to get ahead of** "❶ 앞으로 나서다, 앞서 나가다 ❷ 경쟁 상대 등을 능가하다"	
평상시와 달리 경기를 잘 못했습니다. 그리고 마지막 홀에서 퍼팅도 안 좋았습니다.	I did not play as well as I normally do. I didn't hit a good putt at the last hole.
형편없는 샷을 2개 때렸고 아주 좋은 샷을 2개 때렸습니다. 그게 바로 골프입니다.	I had a couple of bad shots and couple of good shots. That's golf.
힘들었던 점은 바람이 세게 불었다가는 약해져서 바람 부는 방향이 일정치가 않았습니다.	The hard thing was the wind was coming up and then dying down. It was not consistent direction.

Golf Rules Quiz
골프 규칙에 대한 퀴즈

19. 네/아니오
공에 묻어있지는 않지만 당신의 퍼팅 선 상에 놓인 흙이나 모래 등의 장애물은 치울 수 있다 그렇다면 그린 위의 잔디가 숨쉴 수 있도록 해 놓은 구멍(Aeration Plug)은 장애물인가?
Loose impediments, not adhering to the ball through the green, may be removed or brushed aside. Are aeration plugs loose impediments?

부록1
한국 선수들에 관한 영문기사 번역
(Articles about Korean players)
최경주.양용은.박세리.박인비.최나연.전인지

부록2
골프 용어와 유익한 단어들
(Golf Terminology and Useful Words)

사진출처
골프 규칙에 대한 퀴즈 출처
골프 규칙에 대한 퀴즈 정답

부록1
한국 선수들에 관한 영문기사 번역
(Articles about Korean players)
최경주·양용은·박세리·박인비·최나연·전인지

㈜ PGA, LPGA 홈페이지와 AP, WIKIPEDIA, Jakarta Post 등에 영어로 게재된 기사를 인용하여 필자가 한글로 번역하였습니다.	
최경주 선수는 몇몇 의 세계적인 선수들의 추격을 뿌리치고 특히 후반 9홀에서 환상적인 샷의 연속으로 67타를 기록하였다.	Choi scored a 5-under-par 67, using an eye-popping series of shots on the back nine at the English Turn Golf and Country Club to break away from a field that included a handful of the world's best players
㈜ eye-popping 직역하면 "눈알 튀어나오는", Popeye만화 영화 주인공의 발음은 "뽀빠이"가 아니고 "팝아이", 즉 "파파이"가 맞음.	
최경주 선수는 우승 상금으로 81만 불을 벌어들여 총 상금 1백2십6만3천불로 상금 순위 20위가 되어 데뷔 후 2년 동안 벌은 금액을 넘어섰다.	Choi earned the $810,000 top prize and jumped into the top 20 on the money list with just over $1.263 million, surpassing his combined earnings in his first two years on tour
최경주 선수는 마지막 라운드에서 공동 선두를 허용하기도 하였지만 세계 랭킹 11위 이내 선수인 Chris Dimarco, David Toms, Phil Mickelson선수를 포함한 추격의 무리들을 따돌렸다.	Choi had at least a share of the lead throughout the final round, holding off a chase group that included Chris DiMarco, David Toms and Phil Mickelson -- all of whom began the week 11th or better in the World Golf Rankings.
최경주 선수는 2007년 6월 3일 마지막 라운드에서 거의 결점이 없는 경기를 펼쳐 6백만 불 대회인 Memorial Tournament 에서 5타 차이를 극복하고 우승하였다.	South Korean K.J. Choi charged from 5 strokes behind to win U$6 million Memorial tournament with a near-flawless final round on Sunday, June 3.

37세인 그는 PGA 경기 역사상 가장 성공한 아시아 선수로서 미국 내 5번째 PGA 우승이자 전 세계적으로는 11승인 이 우승이 그의 경력 중 가장 상금 금액이 큰 경기였다. 그는 우승 상금 U$1,080,000 과 함께 주최자인 Jack Nicklaus 의 축하를 받았다.	The 37-year-old is the most successful Asian player in PGA Tour history but his fifth win in the U.S and 11th globally was easily the biggest of his career. He received the congratulations of Nicklaus, along with U$1,080,000

㈜ 최경주 선수는 타이거 우즈(미국), 어니 엘스(남아공), 비제이 싱(피지), 그리고 애덤 스콧(호주), 짐 퓨릭(미국), 루크 도널드(잉글랜드) 등을 비롯해 세계랭킹 50위 이내 선수가 빠짐없이 참가한 특급 대회에서 역전 우승을 거머쥐어 메이저대회 우승도 멀지 않음을 알렸다. 최경주 선수가 우즈가 출전한 대회에서 우승한 것은 이번이 처음이다. 최 선수는 17언더 271타(69-70-67-65) 를 기록 하였고, 우즈, 엘스, 싱은 9 언더, 279타로 공동 15위에 머물렀음.

최경주 선수는 어렵기로 소문난 11번 홀에서 두 번째 샷이 그대로 홀로 들어가 기절할만한 멋진 이글을 기록하는데 힘입어 화끈한 후반 나인을 기록하였다. 12번에서 버디를 추가하여 같이 친 어니 엘스 선수와 (마지막 조의) 필 미켈슨 선수에 겨우 2타 뒤지게 되었다. 결국 최 선수는 Masters 참가 2번 만에 우승과 3타 뒤진 3위로 경기를 마감하였다.	South Korea's K.J.Choi threw himself into the mix with a sizzling inward nine, helped by a stunning eagle on the notorious 11th when his second went into the hole. When he birdied the 12th he was suddenly only 2 behind playing partner Ernie Els and Phil Mickelson. In the end, Choi, playing in only second Masters, had to settle for the third place, three shots back

㈜ sizzling "타는 듯이 더운, 흥미진진한", notorious "악명 높은"

최경주 선수는 5주전에 Memorial 대회에서 우승하여 Jack Nicklaus 로 부터 트로피를 받았고 일요일 (2007년 7월 8일) AT & T 경기에서 우승하여 대회를 주최한 타이거 우즈 에게서 트로피를 받았다. 타이거 우즈는 7타 뒤진 공동 6위이었음.	Five weeks ago, K.J.Choi won the Memorial and received the trophy from Jack Nicklaus. On Sunday, he got a trophy from Tiger Woods for winning the inaugural AT & T National at Congressional. Tiger Woods tied for sixth, seven shots back

㈜ PGA.com 기사 인용, 최 경주 선수는 9언더 파로 우승, 타이거는 7타 뒤진 2 언더 파로 공동 6위

최경주 선수는 마스터스 대회에 각별한 애정을 갖고 있다. 우리는 그가 가까운 장래에 메이저 대회에서 우승할 수 있을 거라고 믿어 의심치 않는다	Mr. K.J.Choi has shown a great liking for the Masters and we have every reason to believe that Choi can go on to lift a major title in the very near future

(주) 최경주 선수가 2006년 10월 29일 미국 크라이슬러 champion 대회에서 우승, 아시아인 최초로 미국 PGA에서 4승을 올린 후 나온 기사 인용

최경주 선수, 세계 9위인 그는, 2008년 대회에서, 바람이 거센 악조건에서도 회생, 3타차로 우승하며 골프의 최 강자 들과 같은 범주에 속하게 되며, 4시즌 연속 우승 기록도 세웠다. 현역 선수로는 우즈(1996~2007년: 12시즌), 비제이 싱(2002~2007년: 6시즌), 필 미켈슨(2004~2007년: 4시즌) 3명뿐이다.	South Korea's K.J.Choi, the world No. 9, survived blustery conditions at the 2008 Sony Open to triumph by three shots and become bracketed with golfing heavy weights Tiger Woods, Phil Mickelson and Vijay Singh. Choi sealed victory for a fourth consecutive season on the world's biggest Tour, joining Woods (12) Mickelson(also four), and Singh(six) as the only players with win streaks that long

(주1) blustery "바람이 거센" to bracket "같은 범주, 괄호로 보다"
(주2) 2005년1승, 2006년 1승, 2007년 2승, 그리고 2008년 이 대회 우승(14언더 파)으로 4년 연속 우승을 하였음. PGA 대회에서 4년 연속 우승을 한다는 것이 그 만큼 어렵다는 것.
(주3) 세계랭킹도 9위에서 7위로 뛰어 올랐음

세계 110위인 양용은 선수는 세계 1위인 타이거 선수와 대결하며 눈 하나 깜박이지 않았다. 양용은 선수는 타이거 선수를 망연자실하게 만들고 골프 계를 충격에 빠트리며, 마지막 날70타를 치고 8언더 파 280타로 PGA Championship 우승하였다. 우즈 선수는 마지막 라운드에서 75타를 치고 양 선수에게 3타 뒤졌고, Lee Westwood 와 Rory McIlroy는 285타로 경기를 마쳤다.	Y. E. Yang, ranked No. 110 in the world, took on No. 1 Tiger Woods and never blinked. Yang, of South Korea, stunned Woods and electrified the golf world on Sunday at Hazeltine National by shooting a two-under-par 70 in the final round to win the P.G.A. Championship with a score of eight-under 280. Woods finished three strokes back after a final-round 75, and Lee Westwood and Rory McIlroy tied for third at 285.

스포츠 역사상 가장 큰 반전 우승 중 하나로서, 37세의 양용은 선수는 한국인으로는 처음으로 4개 메이저 대회 중 한 대회를 우승해낸 사람이 되었고, 또한 타이거 우즈가 마지막 날 선두로 나서서 역전 우승을 한 첫 번째 선수가 되었다. 60대 타 수를 산출해내기 힘든 어려운 코스의 맹렬한 바람과 긴장감 속에서 타이거 우즈와 직접 맞붙은 정면 승부에서 승리하였다. 14번 홀에서 75피트 샷 이글로 선두를 잡은 양 선수는 마지막 홀까지 선두를 지켰고, 마지막 홀에서 197야드 하이브리드 샷으로 10피트 버디를 만들어 격차를 넓혔다. 타이거 선수가 60피트 버디 칩 샷을 성공 시키지 못하자 양 선수는 우승을 위한 퍼트를 했는데 그 퍼트 마저 추가로 홀로 들어가 버디를 잡았고 춤을 추기 시작했다. 양 선수는 주먹을 불끈 쥐고 하늘에 펀치를 날렸다. 그는 하늘 위로 높이 양팔을 벌리고 캐디와 하이파이브를 하였다.

In one of the biggest upsets in the sport's history, Yang, 37, became the first Korean man to win one of golf's four major championships. He was also the first golfer to overtake Woods in a major championship in which Woods had the lead going into the final round.
On a difficult golf course that did not yield a round in the 60s on Sunday, Yang prevailed in a tense, head-to-head duel in the gusting winds. He took the lead at the 14th hole with a 75-foot pitch for eagle and kept it to the final hole, where he widened it by hitting a towering 197-yard shot with a hybrid club to set up a 10-foot birdie.
When Woods was not able to hole his 60-foot chip shot for a birdie that would have forced Yang to make the putt to win, Yang holed it for good measure and broke into a dance. Punching the air with his fists, he held his arms aloft in victory and high-fived his caddie

㈜ to take on someone "누구와 대결하다", to stun "망연자실하게 만들다, 실신시키다", upset "예상 밖의 우승, 승리" to yield "산출하다, 양보하다" to prevail "이기다" head-to-head "얼굴을 맞대는", duel "결투", for good measure "추가로", to break into dance "춤을 추기 시작하다", aloft "하늘 높이"

박세리 선수는 1977년 생으로 LPGA 에서 1998년부터 2016년까지 프로 선수 생활을 했고, 그녀는 2007년에 명예의 전당에 가입되었다.

Pak Se-ri or Se-ri Pak (born 28 September 1977) is a South Korean former professional golfer, who played on the LPGA Tour from 1998 to 2016. She was inducted into the World Golf Hall of Fame in November 2007.

그녀는 프로 데뷔 첫해인 1988년에 2개 메이저 대회(LPGA Championship 과 U.S. Women's Open)에서 우승을 하고 신인상을 받았다. 20세의 나이에, 최연소 U.S. Women's Open 우승자가 되었다. 72홀이 끝나고 연장전 18홀에서도 승부가 안 나고, 결국 20번 째 홀에 승부가 갈려 우승을 차지하였다. 92홀 경기는 LPGA 역사상 가장 길었던 경기였다. 4일 후, 그녀는 Jamie Farr Kroger Classic 2라운드에서 61타를 그 당시로서 18홀 최저 타수를 기록하였다. 1988년 이후, 그녀는 3개 메이저 대회를 포함해 21개 대회에서 우승을 차지하였다. 2007년 6월에 명예의 전당에 가입될 자격을 획득하여, 호주의 Karrie Webb의 최연소 가입 기록을 갱신하였다. 박세리 선수는 Asian Tour의 한 대회인 2003 SBS Super Tournament 한국 투어 남자 대회에서도 cut을 통과하였다.

Pak joined the LPGA Tour full-time for the year 1998, crowning her rookie season with victories in two majors: the McDonald's LPGA Championship and U.S. Women's Open. At just 20 years of age, she became the youngest-ever winner of the U.S. Women's Open. About.com writes that "Pak won a 20-hole playoff for that victory, making that tournament - at 92 holes in length - the longest tournament ever in women's professional golf."[3] Four days after the U.S. Women's Open win, Pak shot a then-LPGA record 61 during the second round of the Jamie Farr Kroger Classic.[4] She won the Rolex Rookie of the Year award for that season. Since 1998, she has gone on to win 21 more events on the Tour, including three more majors. In June 2007, at age 29, she qualified for the World Golf Hall of Fame, surpassing Karrie Webb as the youngest living entrant ever.[5] (Tom Morris, Jr., who died in 1875 at the age of 24, had been elected in 1975.) Pak has also competed in a professional men's event, at the 2003 SBS Super Tournament on the Korean Tour. The Korean Tour is a feeder tour for the Asian Tour and does not offer world ranking points.

세계 랭킹 점수는 주어지지 않았지만, 그녀는 10위를 하였다. 박세리 선수는 1945년에 Babe Zaharias 선수 이후, 여자 프로 골퍼로서, 남자 프로 대회에 참가하여 처음으로 cut 을 통과한 첫 선수가 되었다.1988년 당시에는 박세리 선수가 유일한 LPGA 프로선수 이었는데, 1998년 U.S. Women's Open에서 박세리 선수가 극적으로 우승하게 되어, 한국의 수 많은 여성들에게 골프를 sport로 여기도록 용기를 북돋우었다. 그녀의 고국에서는 박세리 선수를 골프 계의 리더(leader)로 여기고 있고 새로운 세대들에게 영감을 주어, 최나연, 박인비 선수가 박세리 선수의 행보를 뒤이어 LPGA에서 활약하고 있다	She finished 10th in the event, according to the World Golf Hall of Fame "becoming the first woman to make the cut in a professional men's tournament since Babe Zaharias did so in 1945."[6] She was the only South Korean on the LPGA Tour in the year 1998; Pak's spectacular triumph at the 1998 U.S. Women's Open encouraged many Korean women to take up golf as a sport. She is regarded as a leader of the game in her home country and has also inspired the new generations of LPGA players Na Yeon Choi and Inbee Park who have followed her footsteps at the LPGA level. (WIKIOEDIA 기사 인용)
LPGA다섯 명의 선수가 상금 순위 25위에 들어 있는데 박세리 선수가 1백3십 만 불로 전체 2위로 상금 선두이고, 김미현 선수가 4위, 박지은(Grace Park) 선수 11위, 한희원 선수가 13위, 박희정(Gloria Park) 선수가 23위 이다. 5명의 상금을 다 합치면 인상에 남는 3백8십만 달러 인데, 이 금액은 전체 LPGA 상금의 10%에 가까운 금액이다. 박세리 선수가 5년으로 "노장"이며, 김미현 선수는 4년, 박지은 과 박희정 선수가 3년차 이고 한희원 선수는 이제 올해로 2년차이다.	Five Korean players currently are among the top 25 on the LPGA Tour money list. Se Ri Pak leads the way with over $1.3 million (2nd). Mi Hyun Kim isn't far behind with $989,436 (4th); Grace Park has won $553,651 (11th); Hee-Won Han has $515,793 (13th); and Gloria Park is ranked 23rd with $369,842.All that adds up to an impressive $3.8 million – or nearly 10% of the entire purse available on the 2002 LPGA Tour. Pak is "the veteran" with five years of experience on Tour. Kim is in her fourth season, Gloria and Grace are each in year three and Han is just a sophomore in 2002

박인비 선수의 2016년 시즌 첫 우승은 아마도 그녀의 경력 가운데 가장 커다란 우승일 것이다. 그것은 바로 올림픽 금메달이다. 그녀는 토요일 마지막 라운드 초반에 3 연속 버디를 하고 격차를 넓혀 다른 선수들이 3타 차 이내로 추격을 허용하지 않고 66타 5언더를 치고 5타 차 승리를 하였다. 뉴질랜드의 리디아 고 선수도 가능성이 없었고 다른 선수들도 가능성이 없었다. 박인비 선수는 LPGA 역사상 4번 째 선수로, 2013년 시즌 한 시즌에 3연속 메이저 대회 우승을 기록하고, 통산 메이저 대회 7승을 하였다. 그녀는 최연소 US Women's Open 우승자이고, Annika Sorenstam에 이어 2번째로, PGA Women's Championship을 3 연속 우승한 선수이다. 그녀는 4개의 메이저 대회를 우승하여 Career Grand Slam을 달성한 역사상 7번째 선수이다. 그녀는 1900년 이래로 다시 부활된 골프에서 여자 개인 금메달을 딴 첫 선수이다.

Inbee Park's first victory of the season might just be the biggest of her career – a gold medal in women's golf. Park made three straight birdies early in the final round Saturday to build a big lead, never let anyone closer than three shots the rest of the way and closed with a 5-under 66 for a five-shot victory at Olympic Golf Course. Lydia Ko of New Zealand didn't stand a chance, and neither did anyone else. Park has won seven major championships in her career, including three consecutive major wins during the 2013 season, becoming only the fourth LPGA Tour player to win three majors in a calendar year. She is the youngest player to win the U.S. Women's Open and the second player, after Annika Sorenstam, to win the Women's PGA Championship three years in a row. Park is only the seventh player to win four different majors during her career and capture a career Grand Slam. In 2016 joining Louise Suggs, Mickey Wright, Pat Bradley, Juli Inkster, Karrie Webb and Annika Sorenstam. She won the first Olympic gold medal since 1900 in the women's individual tournament. (WIKIPEDIA 기사 인용)

㈜ **to stand a chance** "가능성이 있다"

최나연 선수는 2012년에 US 여자Open 에서 첫 Major 우승하였고, 마지막 대회LPGA Titleholders 에서 우승함으로써 올 시즌을 마쳤다. 그러나 그녀의 가장 괄목한 성과는 시즌이 끝난 후에 왔다. 영어가 제2 또는 제3 외국어인 선수들에게는 신문, 잡지 보도기자들과의 인터뷰에 의해 인터뷰가 이루어진다. 카메라 앞에 서면 그들은 불편하게 느끼는 경향이 있다. 최나연 선수는 마지막 대회에서 우승한 후 영어로 인터뷰 하는 것이 얼마나 늘었는지를 보여 주었다. GOLF TV Channel "Morning Drive" 프로그램에서 영어로 생방송 인터뷰로 진행하였다. 예상되는 질문들을 LPGA 직원이 도와서 준비해 주었지만, 예상 대본대로 진행이 되지 않았다. 하지만 그녀는 아주 훌륭히 영어로 해내었다.	Na Yeon Choi won her first major at the U.S. Women's Open, and she closed the season by winning the LPGA Titleholders. But her most remarkable performance came when the season was over. Players for whom English is their second (or third) language can get by in an interview with print reporters. They tend be a lot more uncomfortable when cameras are involved. Choi showed how much progress she has made the day after winning the Titleholders. She went into the studio for a live segment on Golf Channel's "Morning Drive." The LPGA staff helped her prepare for questions that might be asked, and when it didn't go according to script, Choi still handled it beautifully.
㈜ 2012년 12월 27일 AP 통신의 골프 전문기자 Doug Ferguson 이 쓴 글 중 일부를 필자가 인용하였음. 이 기사는 남자 PGA Website및 전 세계 주요 신문사에 타전되었음.	
전인지 선수가 시즌 마지막 메이저 대회에서 긴장하지 않고 69타를 치며, 기록을 갈아치우는 방식으로 우승을 차지하였다. 22살의 그녀는 처음부터 끝까지 선두를 지키며, 21언더, 263타로 지난 번 기록을 2타로 갱신하였다.	South Korea's In Gee Chun won the final major of the women's golf season in record-breaking style Sunday after a nerveless closing 69 at the Evian Championship in France. The 22-year-old led from start to finish and her 21-under-par total of 263 broke the previous record low score by two shots.

21언더는 PGA 남자 메이저 대회에서 20언더를 기록한 Jason Day 와 Henrik Stenson의 기록을 1타 앞선 것이다. 그녀는 공동 2위인 동료 선수 유소연(66타), 박성현(69타) 를 4타 차로 이겼다. 이 우승으로 그녀는 2015년 US Women's Open 우승에 이어 2번째 메이저 우승이고 2016년 LPGA 신인상을 받게 되었다. 그녀는 2015년에 한국 메이저 2승, 미국 메이저 1승, 일본 메이저 2승을 하여, 3개 Tour 메이저 대회에서 모두 우승을 한, 역사상 첫 번째 선수가 되었다.

It is also one better than the men's majors best of 20 under set by Jason Day at the 2015 PGA Championship at Whistling Straits and then matched by Henrik Stenson at July's British Open Championship at Royal Troon. Chun's four-shot victory from fellow South Koreans Ryu So Yeon (66) and Park Sung Hyun (69) gave the popular LPGA Tour rookie her second major after winning last year's US Women's Open. In 2015, Chun became the first player in history to win majors on three different tours in the same calendar year. On the KLPGA Tour she won two majors, the Hite Jinro Championship and the KB Financial Star Championship, on the JLPGA she also won two majors, the World Ladies Championship Salonpas Cup and the Japan Women's Open Golf Championship, and on the LPGA Tour she won one major the U.S. Women's Open.

부록2
골프 용어와 유익한 단어들
(Golf Terminology and Useful Words)

㈜ 흔히 아는 용어들은 지면을 고려하여 생략하였습니다	
골프 관중, 갤러리	Gallery
㈜ Gallery는 골프 관중의 뜻도 있고, 미술관, 화랑의 뜻도 있습니다	
골프 광	golf mania = golf addict = golfaholic
공 위를 때리는 것(토핑)	Topping
공이 워터 해저드 (water hazard)에 빠진 지점	Point of Entry
그늘 집	Fairway snack bar = Fairway restaurant
㈜1) Club House Restaurant/Bar와는 구분하시기 바랍니다. ㈜2) Halfway house, Halfway hut (스낵과 음료를 파는 곳; 주로 9번 홀이나 10번 홀에 있습니다)	
그린이 시작되는 곳 또는 그린 가장자리(Green edge) 바로 붙어있는 풀이며 페어웨이 잔디와 그린 잔디의 중간	Fringe = Apron
ⓔ **Saved by the fringe!** 그린 주변 풀에 걸려 오버되거나 짧지 않아서 위기를 모면했을 때 사용하는 표현 입니다.	
기복. 파도 모양	Undulation
녹다운샷: 강한 바람이 불 때 낮은 탄도로 치는 샷을 녹다운이라고 합니다.	Knock-down
단판 결승 연장전 경기	Sudden death playoff
더블 파	Quadruple bogey=Quad
㈜ 우리가 사용하는 더블 파(혹은 양파 라고도 말합니다)는 잘못 사용되는 콩그리쉬 입니다. "파이팅"(Fighting) 도 콩그리쉬로 굳어져서 사용되는 것과 마찬가지 입니다.	

도미	Dormie 또는 Dorm 매치플레이에서 선수가 남아있는 홀만큼, 홀을 이기고 있는 경우 이때 "도미"라고 합니다.
뒤 땅 치는 샷	fat shot = duff = duff shot = chunk = chunk shot 공을 가격하기 전에 뒤 땅을 침(to hit the ground behind the ball) 이 샷으로 인해 Divot (뗏장, 골프채 머리에 뜯긴 잔디조각) 이 생기고 통상 공은 바로 앞에 떨어집니다. 특히 그린 주변에서 뒤 땅 치는 것은 chunk shot 이라고 합니다.
	Divot 과 Pivot(golf 칠 때 허리 트는 중심 축)을 구분 하시기 바랍니다.
(예)	I hit the ball fat = I hit a duff shot = I chunked it = I hit the ground before striking the ball 뒤 땅 쳤어. (직역: 두껍게 볼을 때렸어. 또는 공을 때리기 전에 땅을 쳤어)
로브 샷	lob shot
	(주) 60도 이상 각도의 로브 웨지(lob wedge)를 사용해 워터 해저드나 벙커 너머로 볼을 높이 띄워 정지시키는 샷 입니다.
롱 게임	Long game 힘(power) 과 거리(distance)가 중요한 Drive Shot 과 fairway wood shot 과 iron shot
매치 플레이에서 승자가 없이 무승부	All Square(약어로 AS)
	(주) All square 호각의, 비등한
목표지점이 안보이는 샷	Blind shot
바운스 백	Bounce back 전 홀에 보기나 더블 보기 등을 하고 막 바로 다음 홀에 버디나 이글을 했을 경우에 사용하는 용어 입니다.
범프 앤 런	Bump and Run 낮은 탄도로 공을 쳐서 페어웨이를 지나 그린에 올리는 샷 이며, chip shot 과 비슷한 뜻이지만, 거리가 긴 경우에 Bump and Run을 사용합니다

벙커에 공이 파묻힌 라이	Plugged lie = Buried lie
㈜ 소위 말하는 "에그 후라이"는 골프 영어에서는 "Fried Egg"라고 합니다.	
보기가 하나도 없으면서 72타 이하로 치는 게임	Bogey-free game=flawless game (결점이 없는 게임)
삼연속 버디	back-to-back-to-back birdie
㈜ 2009년 7월 10일 새벽 US Women's Golf 대회에서 최나연 선수가 10번 홀에서부터 시작하자 마자 3연속 버디 잡은 데 대한 해설이었음, 3 연속 버디는 3 birdies in a row = 3 consecutive birdies 도 당연히 되며, 보통 "연속적인" 의미로 back-to-back(미국 영어)을 씁니다.	
삼 연승	Three consecutive win = Three straight win
쉥크	Shank : Club Face 의 sweet spot (가장 이상적인 지점)을 맞추지 못하고 그 외의 곳에 공이 잘못 맞아 아주 엉뚱하게 slice 나 hook 이 나는 실수의 샷을 말합니다.
샷건 방식	shotgun (산탄 총, 새총) 사이렌 등 신호를 보내면 일제히 각 홀에서 tee shot 하는 golf game
샷이 실수할 까봐 불안해하는 증세	Yips
숏 게임	Short game 정확성(accuracy)이 중요한 approach shot, pitching & chipping, bunker shot 과 putting
스크램블	Scramble 그린 적중 율(Green In Regulation)은 낮았지만 short game으로 마무리를 잘해 par 나 birdie로 마무리 하는 경우 쓰는 표현과 다른 뜻으로 Best ball 과 비슷한 뜻으로, 편 먹고 치면서 각자 친 공에서 잘 친 샷을 선택해 플레이 하는 경우도 Scramble 경기라고 합니다.

스테이블포드 경기 방식	Stableford scoring format / event / system PGA의 한 특정 대회는 기존의 Stroke 방식으로 하지 않고 Double Eagle(=Albatross)는 8점, Eagle은 5점, Birdie는 2점, Par는 0, Bogey는 minus 1점, Double Bogey 이하는(worse)는 minus 3점으로 하여 가장 점수가 높은 사람이 우승하는 방식 입니다.
스포츠 방송 진행자	Sportscaster
㈜ 일반 TV. 라디오 방송 진행자 Announcer	
스포츠 방송 해설 위원	Commentator
시청자의 흥미를 위해 마이크를 허리에 착용하였음.	Milked for play (화면상에 나타나고 시청자는 선수가 말하는 것을 들을 수 있음)
싯	Sit 볼에게 안착해! 볼아 더 구르지 말고 거기 멈춰 앉아! 라고 말할 때 사용 합니다.
㈜ 다른 표현으로 Stay there! 볼 아 좀 멈춰!	
알바트로스	Albatross = Double eagle 파5에서 2타만에 홀에 집어넣거나, 파4에서 1번만에 들어가는 것을 뜻하며, Double eagle 과 같은 뜻 입니다.
㈜	Ha Na Jang made historic Albatross on Par 4 at the Pure Silk-Bahamas LPGA Classic. It was the first in LPGA history 장하나 선수는 2016년 1월31일에 파 4홀에서 알바트로스를 하였는데, LPGA 역사상 파4에서 티샷 한 공이 그대로 들어가는 첫 번째 대 기록 이었습니다.

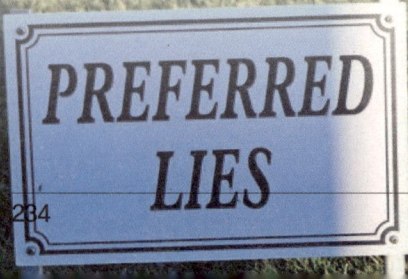

야드	일 Yard 는 0.9144 미터, 즉 1meter 는 1.1야드 계산하면 쉽습니다. 100 미터는 110 야드, 150미터는 165 야드, 200미터는 2200야드
(주) 골프장에서 거리 표시는 영국에서는 Meter, 미국에서는 Yard 를 주로 사용 하지만, 일반적으로 골퍼들의 편의를 위해 거의 대부분 같이 사용합니다. 본인이 야드에 익숙한지, 미터에 익숙한지도 잘 알아야 특히 해외에서 골프 칠 때 유리합니다.	
에이지 숏	**Age shoot** 는 18홀 골프 경기에서 본인의 나이와 같거나 더 적은 점수를 기록하는 것.
영국 오픈 골프대회의 우승자에게 주는 트로피	Claret Jug
오늘의 최고 샷	Shot of the day
(주) **Employee of the Month** 이달의 최우수 사원 **Player of the Year** 올해의 최우수 선수, **Rookie of the Year** 올해의 신인상	
오비	OB (Out of Bound: 공이 흰 말뚝 경계선 밖으로 나간 경우)인지 확실치 않아 "잠정 구"를 치는 경우 흔히 "프로" 한 번 더 치라고 얘기하는데 이 경우 정확한 표현은 **"Provisional Ball"**이 맞습니다.
웨지의 종류	**PW(Pitching Wedge:** 보통 48도 이며, 간단히 P), **AW(Approach Wedge:** 보통 52도 이며, 간단히 A), **SW(Sand Wedge:** 보통 56도 이며, 간단히 S), **LW(Lob Wedge**, 보통 60도 이며, 간단히 L), **UW (Ultra Lob Wedge**, 보통 64도 이며, 간단히 U, 프로 급 선수들만 보통 사용)
일 라운드부터 마지막 라운드 까지 (출발부터 끝까지) 1등을 지속한 우승	wire-to-wire win

㈜ 와이어 투 와이어(wire-to-wire)는 사전적으로 "시작부터 끝까지"를 의미합니다. 골프나 야구 리그처럼 여러 날에 걸쳐 치러지는 경기에서 처음부터 끝까지 선두를 지켜 우승했을 때 등장하는 말입니다. 용어의 기원에 대해선 몇 가지 설이 있으나 사진판독이라는 개념이 없었을 때 경마의 출발 지점 및 골인 지점에 가는 철사(wire)를 설치한 데에서 유래됐다는 설이 유력합니다. 부정 출발을 방지하기 위해 start 라인에 설치된 철사(wire)에서부터 골인지점의 철사(wire)까지 줄곧 리드를 지킨다는 의미에서 이런 용어가 생겨났다는 뜻입니다. 지금도 경마에서는 **"win at the wire(결승선에 가서야 승리하다)"**라는 표현이 나옵니다.

잠정 구	Provisional ball : 공이 OB(Out of Bounds) 가 났는지 확실치 않은 경우와 또는 Water hazard 주변에서 공을 잃어 버렸는지 Water hazard 안, 즉 물속에 빠졌는지 확실치 않은 경우에 다시 치는 잠정 구 이며, 줄여서 "Provisional" 이라고 말합니다. 단, "Pro"라고 얘기 하는 것은 엄밀히 말하면 (technically speaking), 틀린 호칭 입니다.
전반 나인 홀과 후반 나인 홀	Front nine and back nine = The first nine and the second nine
㈜ **The first half: 전반전 The second half: 후반전, The 1st half of the year: 상반기, The2nd half of the year: 후반기**		
정규 라운드를 다 마친 상태로 클럽하우스에서 대기하고 있는 선수들 중 우승 가능성이 있는 선두	Leader in the clubhouse
㈜ 하지만, 뒤에는 몇 명의 선수가 바짝 추격하고 있어 추격 할 수 있는 상황에 사용 됩니다.		
정규 투어 출전 카드(Tour card)를 받기 위해 거쳐야 하는 매년 거치는 PGA/LPGA/European Tour의 자격부여 토너먼트	Q-school = Qualifying school
카트	Cart ❶ Player 들이 타고 다니는 4바퀴짜리 전동차 ❷ 손으로 끌고 다니는 2바퀴짜리 수레와, 손으로 밀고 다니는 3바퀴짜리 수레 모두 통칭 하여 사용 합니다.

탭인	Tap-in 공이 홀에 매우 가깝게 남아 있는 공의 위치
펀치 샷	Punch shot 바람 불 때, 나무와 나무 사이를 빠져 나갈 때 낮게 띄우는 샷을 펀치 샷 이라고 합니다.
페어웨이 에서 살짝 벗어난 러프	A rough = The first cut
㈜ B rough : 풀이 10센티 내외라서 공을 치기 힘든 곳	
포볼 경기	Four-ball match = Best Ball match: 2팀 4명이 각자 쳐서 유리한 위치에 있는 공을 치는 게임
포섬 경기	Foursome match = Alternate shot match: 두 명씩 한팀이 되어, 2팀 4명이 같은 팀끼리 공 한 개로 교대로 치는 것
포어	Fore : 선수가 친 공이 다른 선수나 구경꾼에게 맞을 수 있을 경우 "Fore(공 조심하세요!) 라고 외칩니다. Ball! 이라고 말하지 않습니다.
프리퍼드 라이	Preferred lie 페널티 없이 바꿔 놓을 수 있는 공의 위치
플라이어 라이	Flier 공이 러프나 잔디에 묻혀있는 라이를 말합니다. 공을 가격하면 생각한 것보다 런(Run)이 많이 발생합니다.
플롭 샷	Flop Shot : open stance 로 서서, club face 를 완전히 열어 (Open) 공중으로 높이 띄워 그린에 안착시키려고 할 때 쓰는 샷. 주로 앞에 bunker 가 있어 그린과 핀까지의 그린이 가까운 (little green to work with) 경우에, 그것도 라이가 좋은 경우에 시도하는 샷 입니다.
핀 위치, 그린 깃발 꽂은 위치	Pin placement
하이브리드	Hybrid : 두 가지 기능이나 역할이 하나로 합쳐짐

(예1)	아이언과 fairway 우드를 혼합한 골프채를 Hybrid 혹은 utility 라고 부르며, rescue 라고 부르기도 합니다. 일명 고구마 라고 불리 웁니다
(주)	hybrid "혼합물, 잡종", utility "유용, 유익", rescue "구조, 구출" 1번, 2번, 3번, 4번 아이언 골프채 사용이 불편한 골퍼를 위해 개발한 혼합용 골프채 입니다
(예2)	일안 반사 식(DSLR) 카메라와 디지털 카메라의 장점을 결합한 하이브리드 카메라 그리고 전기 모터와 엔진을 사용하여 효율을 높인 하이브리드 자동차 등도 있습니다.

항아리 벙커 : Pot bunker	항아리(pot)처럼 생겨 공이 빠져 나오기 쉽지 않은 벙커
해변가 근처에 있는 골프장	Links
홀 아웃 Hole out	공을 홀에 넣는 마무리

홀/컵 Hole(영국영어) 과 Cup(미국 영어)과 같은 뜻입니다.
(주) "홀컵"에 가까이 붙였다는 말을 자주 듣는데 이 표현은 틀린 것 입니다.

Golf Rules Quiz
골프 규칙에 대한 퀴즈

20. 네/아니오
벌레, 곤충이 당신의 공 위에 있거나 기어 다니고 있다 이것을 장애물로 간주하고 제거 할 수 있는가?
An insect is stationary or crawling on your ball. Is it considered a loose impediment and, therefore, can it be removed?

Golf Rules Quiz
골프 규칙에 대한 퀴즈 정답

01. 아니오 02. 네 03. 아니오 04. 아니오 05. 아니오 06. 아니오 07. 네
08. 네 09. 네 10. 네 11. 네 12. 아니오 13. 네 14. 아니오
15. 아니오 16. 네 17. 아니오 18. 아니오 19. 네 20. 네

사진출처 FILA 광고 전략 팀, pixabay.com 과 Wikimedia Commons 의 free picture (감사 드립니다)
선수약력 Wikipedia에 나온 영어 정보를 필자가 한글로 요약 번역
골프 규칙에 대한 퀴즈 출처 Jagorawi GOLF CC New Member Test